LETTRE

SUR LE LUXE.

LETTRE

SUR

LE LUXE.

Luxuria incubuit. *Sævior armis*

A FRANCFORT,

Chez JOSEPH-ANDRE' VANEBBEN,
Libraire.

M. DCC. XLV.

Ne voyez-vous pas, lui répondit Mentor, que les hommes gâtés par la flaterie trouvent fec & auſtére tout ce qui eſt libre & ingénu? Ils deviennent ſi délicats, que tout ce qui n'eſt point flaterie les bleſſe & les irrite.

Télémaque livre 6.

A MONSIEUR ***

DE L'ACADEMIE IMPERIALE

de Petersbourg, de l'Académie
des Curieux de la Nature, de
l'Académie Royale des Sciences
de Paris, de la Société Royale
de Londres, de la Société d'Edim-
bourg en Ecoffe, de l'Inftitut de
Bologne, des Académies Roya-
les de Suéde & de Pruffe.

Ermettez-moi, MONSIEUR,
*de percer au travers de tous
les titres qui vous envelo-
pent, pour vous prier de lire la* Lettre
fur le Luxe, *que j'ai l'honneur de
vous envoyer.* Quoique *cette Lettre
roule*

roule fur une matiére des plus intéref-
fantes, j'ofe me flater qu'elle ne vous
occupera pas long-tems. Vous pourrez
auffi-tôt reprendre le fil des fpécula-
tions Géométriques & Algébriques, où
vous êtes plongé. Væ rerum harum
rudibus !

J'ai l'honneur d'être,

Monfieur,

Votre très - humble
& très - obéïffant
Serviteur * * *

AVERTISSEMENT

AVERTISSEMENT DU LIBRAIRE.

IL y a déja quelques années que la Lettre fur le Luxe m'étoit tombée entre les mains. Un Gentil-homme Anglois qui revenoit de France me la remit, fans pouvoir cependant me dire le nom de l'Auteur qui l'avoit écrite. Je ne fçais comment je négligeai alors d'imprimer cet ouvrage, ni comment j'ofe l'imprimer aujourd'hui qu'il lui manque une certaine fleur de nouveauté. Effectivement plufieurs des défauts qui y font repris, ont été corrigés avec fuccès. Les abus, par exemple, remarqués dans les Manufactures de Languedoc, ne fubfiftent plus : le fafte des gens d'affaires a beaucoup diminué

diminué, & ils font un meilleur usage de leurs richesses : les troupes Françoises ne font plus dans l'état fâcheux où elles étoient sur la fin du regne de LOUIS XIV. & rien ne leur manque, soit du côté de l'habillement, soit du côté de la subsistance. Ainsi, j'espére que le Lecteur voudra bien se prêter à la différence des tems. Pour ce qui regarde le Luxe, c'est une matiére qui ne peut être trop discutée par ceux qui s'intéressent à l'ordre public, au bonheur des sociétés. Nos vertus & nos vices, disoit un Ancien, descendent de nos ames à nos corps, des corps aux vêtemens, des vêtemens aux maisons, & des maisons au Public.

LETTRE

LETTRE

SUR LE LUXE.

A converfation, Monfieur, que
nous eumes à la campagne, il y a
quelque tems, ne s'eft point effa-
cée de mon efprit. Je me reffou-
viens parfaitement, & des raifons fpécieu-
fes que vous me dîtes, & des exemples
choifis dont vous appuyâtes vos raifons.
Malgré tout cela, Monfieur, je n'ai point
changé de fentiment, & je fuis convaincu
que le Luxe eft une chofe pernicieufe dans
un Etat, & qui ne doit pas y être foutter-
te. N'allez pas croire cependant que je veuille ici jouer le perfonnage d'un Moralifte
outré, ou d'un de ces hommes févéres qui
blâment tout ce qui leur déplaît. Un tel
perfonnage me fiéeroit très-mal. Je ne parle affurément que par amour du bien public, & par goût de la vérité.

A l'égard de ceux qui ont écrit en faveur
du Luxe, attirés par je ne fçai quelle fauffe

ap-

apparence, je veux bien penfer qu'ils ont
fuivi, ou cru fuivre les mêmes principes.
Mais vous verrez dans la fuite qu'ils fe font
effectivement trompés, & qu'ils n'avoient
qu'une connoiffance fuperficielle du commerce, & des affaires du monde. Il n'appartient point à toute forte d'Auteurs de
traiter de pareille matiére. Il faut s'être
familiarifé avec les hommes, peut-être
même avoir eu fur eux quelque infpection,
quelque autorité. Sans cela on court rifque
de prendre le change fur ce qui regarde
les devoirs moraux, la nature, les droits,
le bien des fociétés.

Qu'eft-ce donc que le Luxe, me de-
manderez vous, Monfieur? Quelle idée en
doit-on avoir précifément? Car il ne faut
ni le blâmer par caprice, ni l'approuver par
molleffe. Je vous répondrai que le Luxe eft
une fuperfluité agréable ou brillante, qu'on
ajoûte aux befoins indifpenfables de la vie:
c'eft un bien, un avantage dont on pourroit abfolument fe paffer, mais qu'on fe
procure tantôt par vanité, par intempérance de goût, tantôt par un fort attachement à la mode : c'eft enfin un excès dont
le prix, le mérite dépend de l'imagination,

&

& qui n'a rien en lui-même de réel, ni d'effectif.

Je vous répondrai plus généralement encore que le Luxe consiste à user des biens de la Providence, d'une maniere qui tourne ou au préjudice de celui qui en use, soit dans sa personne, soit dans ses biens, ou au préjudice du public qu'on brave par une profusion insolente & déplacée, ou au préjudice des autres qu'on est humainement obligé d'assister & de secourir. Tout cela dans la suite s'expliquera mieux par des exemples.

Mais auparavant, Monsieur, il me paroît à propos de distinguer deux sortes de Luxe : l'un de génie, si j'ose ainsi parler, & l'autre de mœurs : l'un qui consiste dans la perfection de certains Arts utiles, & l'autre qui est fondé sur des bagatelles, sur des niaiseries, & qui loin de rendre le goût meilleur, ne peut servir qu'à le gâter & le corrompre, *en affoiblissant l'ame,* comme dit l'Auteur des Essais de Morale, *en l'attachant à des objets difficiles à conserver & dont elle peut être privée malgré soi, en la rendant tendre & délicate, & sujette à l'ennui & au chagrin.*

A 2   Le

Le Luxe de génie marque dans la nation qui y eſt attachée, un amour général pour le beau & le parfait, un caractére de ſupériorité qui ſe répand de proche en proche & ſe communique juſqu'au peuple. Ce Luxe non-ſeulement doit être admis & approuvé, mais encore excité par des diſtinctions, encouragé par des récompenſes. Telle eſt la ſituation des Arts qui demandent des ouvriers intelligens & accoûtumés à réfléchir, de l'Horlogerie par exemple, & de l'Orfevrerie. C'eſt un Luxe certainement, d'avoir une montre à boëte d'or, ciſelée & travaillée avec ſoin. Mais ce Luxe change de nom & ſe fait eſtimer, quand avec cela on veut avoir une montre excellente, une montre de JULIEN LE ROI. D'ailleurs, ſi les étrangers qui abondent dans le Royaume, étoient bien perſuadés que l'Horlogerie y atteint ſon véritable dégré de perfection, ils chercheroient tous à ſe pourvoir de nos ouvrages, ils les mettroient au rang des meubles les plus précieux. Combien l'Angleterre n'a-t'elle point été enrichie par ſes Montres, & combien ne l'eſt-elle point encore? Il n'y a guéres de Prince en Europe, ni de Miniſtre d'Etat, ni

d'homme

d'homme curieux qui n'en ait une. Charles II. crut faire un grand préfent au feu
Roi Louis XIV. en lui adreffant deux montres à répétition , & ce furent les premieres qu'on vit en France. S'étant dérangées,
il fallut les renvoyer à Londres , aucun
ouvrier n'ayant pu les rajufter dans Paris.

L'Orfevrerie eft un objet encore plus im-
portant. Tous ceux qui repréfentent & occupent de grandes places , foit en Allemag-
ne , foit dans les Païs du Nord , foit en
Efpagne & en Italie , les Ambaffadeurs,
les Généraux d'armée , veulent avoir de
la vaiffelle d'argent faite en France. Et ce
n'eft point un air de vanité qui les conduit ; c'eft leur intérêt propre, c'eft l'envie de foutenir un rang qui les diftingue.
On doit par conféquent encourager les
Orfevres à fe perfectionner dans leur Art,
dans un métier fufceptible d'intelligence.
Ils peuvent faire entrer des fommes confidérables dans le Royaume ; ils entretiennent un travail qui augmente chaque jour ;
ils font naître une forte d'émulation. J'a-
voüe que l'ufage d'avoir de la vaiffelle d'argent platte , s'eft rendu un peu trop commun en France. Je ne crois pas qu'il doi-

A 3 ve

ve être permis à toute espece de gens d'en faire parade. Cet usage , il est vrai , n'a rien que de convenable à la Cour , que de bienséant : mais pour l'ordinaire c'est un Luxe à Paris & dans les Provinces. Il y a certaines superfluités qui répanduës sans ménagement , confondent les rangs & mettent de plain-pied ceux qui ne devroient pas y être. Ainsi , Monsieur , je doute qu'on ait eu raison de censurer le célébre la Bruyere pour avoir dit que chez nos ancêtres , *l'étain brilloit sur les tables & les buffets, & que l'argent étoit renfermé dans les coffres.*

A propos de cet étain , vous sçavez qu'on commence parmi nous à s'en dégoûter. La fayance peu à peu prend sa place , & il s'en fait dans plusieurs villes du Royaume : ce qui me paroît un avantage d'autant plus grand , que l'étain est une denrée étrangére. Mais autant que notre fayance est devenuë commune , autant la trouve-t'on au dessous de celle de Dresde & de Flandres, encore plus au-dessous de la porcelaine des Indes , elle-même fort différente de ce qu'elle étoit autrefois. C'est , à mon avis, cette porcelaine qu'on doit taxer de Luxe, quand on veut en avoir un service com-
plet.

plet. Quelques pieces d'ornement, des taſſes & des ſoucoupes ſuffiſent.

Je ne parle point des Arts plus nobles, comme la Peinture & la Sculpture, dont la perfection fait tant d'honneur à un Etat. Si c'eſt une ſomptuoſité d'avoir des morceaux diſtingués de RAPHAEL ou du CORREGE, de RUBENS ou de MIGNARD, c'eſt du moins une ſomptuoſité qui n'appartient qu'à des Princes, ou à des Seigneurs éclairés, qui ne poſſedent point de ſtupides richeſſes. Peu de particuliers peuvent y prétendre, & il faut que l'aveugle fortune les ait bien favoriſés pour les mettre en état de faire de ces ſortes de dépenſes. Quel bonheur, de voir ſon cabinet ou ſa galerie ornés de quelques-uns de ces chef-d'œuvres immortels, qui agiſſent & remuent l'ame toute entiere, qui inſpirent ou des paſſions douces fondées ſur la tendreſſe du cœur, ou des paſſions fortes propres à entretenir le courage de l'eſprit ! Luxe heureux, & trois fois heureux ! ſi les richeſſes toujours embaraſſantes pouvoient être ſouhaittées par un Philoſophe, par un homme déſintereſſé, vous ſeriez ſeul capable de les lui faire ſouhaitter !

A 4   Ce

Ce que je viens de dire marque affez le peu de cas que je fais de ces prétendus fpirituels, de ces Piétiftes, de ces attachés au Rigorifme, lefquels regardent comme un abus tout ufage de la Providence, qui va au-delà du fimple néceffaire. J'avouë avec plaifir que ce font-là des idées creufes, des fingularités du Fanatifme. Et que peut-on avancer de plus injurieux au Chriftianifme, qu'un pareil fiftême ? Effectivement le Chriftianifme ne commande & ne défend rien par rapport à la Morale, que ce que la Religion naturelle avoit commandé & défendu auparavant.

Comme les Sçiences ont acquis parmi nous une forte de perfection, & qu'il y a un très-grand nombre d'ouvrages judicieufement écrits en notre langue & recherchés par les étrangers, foit pour la fublimité des penfées, foit pour la pureté de la diction, foit pour les chofes rares & nouvelles qu'ils contiennent, on doit fouhaitter que l'Imprimerie avec les Arts qui en dépendent, fe perfectionne de jour en jour. Des Livres correctement imprimés fatisfont les gens de Lettres ordinaires, qui ne demandent qu'à s'inftruire, qu'à fe procu-

rer

ter des connoiſſances nouvelles. Les Curieux
d'un certain rang entraînés par un Luxe de
génie , veulent encore des Livres où brille
toute l'intelligence , où ſe fait remarquer
toute l'induſtrie des ETIENNES, des ELZE-
VIRES, des ALDES-MANUCES. Aux belles édi-
tions, ils ajoutent des reliûres propres & de
goût , des reliûres qui y ſoient aſſorties. Ils
tâchent enfin de raſſembler tous ces Livres
dans un lieu choiſi, qui ſoit bien éclairé ,
qui ſoit orné de tableaux , d'eſtampes , &
de différentes ſingularités d'Hiſtoire naturelle. Quel Luxe, s'écrieront les ignorans !
Que de dépenſe , pour ſatisfaire aux beſoins multipliés de l'eſprit ? Favorables dépenſes, dirai-je au contraire ! Plus l'eſprit
ſe ſent élevé au-deſſus du corps , plus ſes
beſoins ſont nobles , & plus on doit approuver les dépenſes qu'il exige. Après tout,
ce ne ſont point - là les dépenſes qui ruinent & décréditent les hommes. Qu'ils ſeroient heureux de n'en point faire d'autres !

Je viens préſentement au Luxe des mœurs,
que je diſtingue en trois eſpeces : Luxe de
table , Luxe d'habits , Luxe de meubles
& autres ornemens ſuperflus. Cette matiére

re demanderoit un détail immenfe. Je ne
ferai qu'effleurer les points les plus confidérables, en me reffouvenant toujours que
le Luxe n'eft que l'abus des biens que la
Providence nous a accordés. Mais comment juger de cet abus, fi ce n'eft par les
lumieres naturelles qui marquent précifément les bornes où chacun doit fe refferrer
dans la jouiffance de ces biens ? Ils font
utiles, ou deviennent nuifibles, fuivant
qu'on franchit ces bornes.

Le Luxe de la table eft pouffé à l'excès.
Il en eft même devenu ridicule, tant par
les apprêts qu'il éxige, que par les frais
qu'il occafionne. Ce ne font plus que des
mets déguifés, que des fauces de haut goût,
que des extraits de jambon, des quintef-
fences, des fucs alambiqués, &c : tout
cela encore orné de noms magnifiques &
qui annoncent je ne fçai quoi de bas, &
de plus bas peut-être que l'affectation de
ces deux Romains, dont l'un fervit aux
convives qu'il avoit invités à une grande
fête, un plat de langues de toute forte
d'oifeaux rares, & l'autre un plat de per-
les diffoutes dans le vinaigre. Sans doute
que vous n'exigerez pas de moi que je
vous

vous faſſe un long détail des nouveaux ra-
goûts, que la mode a introduits : & ſi vous
l'exigiez, Monſieur, j'y ferois fort embar-
raſſé.

Nec ſomnum plebis laudo ſatur altilium, nec
Otia divitiis Arabum liberrima muto.

Mais je ferai deux remarques importantes. La premiere, que ce Luxe de table
énerve & corrompt la Nation déja trop
ſenſible, trop amollie, trop portée au voluptueux. Tous ces ſucs diſtilés, toutes ces
liqueurs brûlantes, tous ces feux retenus
avec art, ruinent la ſanté & rendent les
hommes moins forts, moins courageux,
moins propres à un travail continu. D'ailleurs, ceux qui paſſent pluſieurs heures de
ſuite à table, n'en ſortent que pour ſe re-
trouver avec les mêmes convives, ou avec
d'autres d'un goût plus dépravé : *Scurræ,*
Hiſtriones, aurigæ, quibus illi amicitiarum
dehoneſtamentis mire gaudent. Qu'en arrive-t'il ? c'eſt que les converſations frivoles
& les dépenſes plus frivoles encore, que
fait naître un long repas, ne s'oublient pas
aiſément ; elles continuent tout le reſte du
jour,

jour, ou de la nuit. Le même efprit fe renou-
velle , & regne d'un bout de l'année à l'autre.

Qu'en arrive-t'il encore ? C'eft que le
foin de tenir une table exquife & curieufe,
foit en vins , foit en mets recherchés, paffe
dans l'efprit de bien des gens pour une
affaire importante , & que le choix d'un
Chef de Cuifine que les CONDE's & les TU-
RENNES regardoient comme un domeftique
ordinaire , eft devenu aujourd'hui plus difficile & d'une plus grande difcuffion que le
choix d'un Secretaire pour le Maître , ou
d'un Gouverneur pour les enfans de la
maifon. Mais outre que tout ce détail a
quelque chofe de bas & de puéril , c'eft
encore le moyen le plus propre pour n'a-
voir chez foi qu'une compagnie mêlée ,
pire fouvent que la mauvaife compagnie.
Un trait de Ciceron fera voir ce que penfoit là-deffus cet homme fi judicieux. Se
trouvant un matin chez Pompée , on apporta au Général Romain un poiffon ex-
traordinaire ; une efpece de monftre marin.
Il pria auffi-tôt Ciceron de venir fouper
avec lui , & Ciceron le lui promit. Pendant qu'ils continuoient à s'entretenir , plu-

fieurs

fieurs autres Romains entrerent chez Pompée , & il les invita pareillement tous à fouper. Ciceron qui s'apperçut que le nombre des convives groffiffoit à chaque moment , répétoit tout bas à Pompée avec un fouris malin : *Pifcis hic non eft omnium.* La bonne compagnie n'eft pas fi nombreufe. Il y faut plus de choix.

Que les délicateffes & les rafinemens de la bonne chere énervent & affoibliffent les efprits ; cela n'eft que trop certain , & par malheur que trop commun. Les plaifirs ne doivent être pris qu'en paffant , & pour tout dire ici , qu'en les effleurant. S'y arrête-t'on avec trop de complaifance , l'ame fe trouve toute anéantie. Il femble qu'on ne l'ait reçuë que pour la perdre. Un homme livré aux excès de table , qui s'en fait une occupation férieufe , n'eft prefque plus capable d'aucune force ni d'aucun trait de grandeur d'ame. Il rampe toujours terre à terre. Quelcun ayant ofé dire à HENRI IV. que malgré la décadence de la Ligue, le Duc de Mayenne étoit toujours redoutable , ce Prince répondit d'un air mocqueur : *Comment ! vous voulez que je craigne un homme qui eft plus long-tems*

à

à table, que je ne suis au lit ?

Ma seconde remarque tombe sur la coûtume presque générale où l'on est d'avoir dans toutes les maisons, des Cuisiniers & des Aides de cuisine. Cette coûtume suivie sans ménagement, & autorisée par tous les nouveaux parvenus, cause un très-grand mal parmi le menu peuple. Car comme la France fournit tout le reste de l'Europe de Cuisiniers & de Valets-de-Chambre, emplois & métiers qui font la fortune des petites gens, on ne sçauroit croire combien cela les détourne des travaux plus essentiels & plus utiles à la société. Autrefois il n'y avoit que des Cuisinieres, même chez les personnes du rang le plus distingué. Cette occupation sédentaire convenoit à des femmes & à des filles, qui par leur propreté, par un goût simple, mais juste, entretenoient un ménage avec décence. Nos ayeux n'avoient point d'autres domestiques dans leurs cuisines, ni même à l'office. Ils ne connoissoient point cet art meurtrier, dont on fait à l'envi l'un de l'autre tant de cas. Tout ce qu'ils mangeoient étoit sain : tout ce qu'ils disoient étoit vrai. Aujourd'hui qu'on ne veut que des choses préparées à

grands

grands frais , qu'on ne demande que des mets déguifés avec une forte d'induftrie, qu'on veut du fingulier par tout , le nombre de ceux qui travaillent aux apprêts de la bonne chere , eft monté jufqu'à l'infini, C'eft une efpece de République gourmande, & qui fe foutient autant par la liberté impunie des mœurs , que par l'opulence mal acquife de tant de gens preffés de s'enrichir aux dépens des autres.

Mais le châtiment fuit de près la volupté abandonnée à elle-même. On vieillit avant l'âge marqué par la nature. On fe hâte de vivre , comme fi la vie étoit devenuë un fardeau incommode. A peine la Jeuneffe eft-elle exemte des incommodités & des maladies , qui avertiffent que la mort s'approche, & qui en font par avance fentir toute l'amertume & toutes les horreurs.

Le Luxe de la table eft donc un des plus grands inconveniens du Royaume , celui qui prépare le plus vîte une nation à fa perte. L'Empereur Charlemagne le penfoit ainfi , lui , qui avoit défendu par une Ordonnance particuliere aux gens de guerre de boire dans le camp à la fanté les uns

des

des autres. Cette invitation Bachique lui
paroiſſoit dangereuſe, *d'autant*, dit Étienne
Paſquier, *que quand un homme a bu à un*
autre, il tire cela en obligation, voire le
tourne à mépris & injure, ſi l'aſſailli ne
lui rend la pareille.

On dit que le Luxe de la table eſt une
marque certaine de la proſpérité d'une Nation, à qui tout rit & que tout favoriſe.
Mais je crois que cela mérite quelque ré-
flexion. Toutes les choſes de la vie ſont
diſpoſées de maniere qu'elles croiſſent juſqu'à un certain point, & qu'enſuite elles
commencent à décroître : de maniere que
la ligne qui ſépare le dernier accroiſſement
& le premier décroiſſement eſt impercep-
tible. Ainſi, ce qu'on appelle la proſpérité d'un Etat pourroit bien être le tems de
ſa décadence, ou du-moins le tems où naiſſent les troubles & les deſordres qui doivent l'affoiblir. On en voit un exemple
célébre dans l'Hiſtoire Romaine. Jamais la
Republique n'avoit été plus agitée que pendant la Dictature de Sylla, jamais l'autorité n'avoit été plus deſpotique ni le pouvoir plus arbitraire. Cependant le Luxe,
loin de ſe rallentir, ſe ſoutenoit comme au
milieu

milieu de la paix & de l'abondance. Sylla
porta une loi fomptuaire. Mais ce qu'il y
avoit de furprenant , c'eſt que la loi ne
retranchoit point la magnificence des repas , & ne mettoit point un frein à l'avide
& folle intempérance : elle fe contentoit
feulement de diminuer le prix des denrées
qui fervent à la bonne chere. Et parmi ces
denrées , qu'il s'en trouve de délicates ,
d'une recherche curieufe , & qu'à peine on
connoît aujourd'hui ! Que de poiſſons rares!
Que d'oiſeaux plus rares encore ! Quelle
efpece de loi fomptuaire étoit-ce donc que
la loi portée par Sylla ? Il ne fauvoit point
les mœurs, il les corrompoit au contraire davantage , il rendoit plus communes toutes
les amorces du goût , & mettoit chacun en
état de fe procurer des plaifirs à peu de
frais. En vérité , c'eſt pouſſer le Luxe à bout
que d'avoir gratuitement ou prefque gratuitement tout ce que le Luxe offre de plus
exquis. Quel fiécle a réellement été plus
malheureux , quoique fertile en toutes fortes d'excès , que celui de Sylla ?

Les mœurs une fois dépravées dans un
état , ne fe rétabliſſent plus, ou ne fe rétabliſſent que très-rarement. On juge bien

que le Luxe de la table ne fit qu'augmenter depuis la Dictature de Sylla, & que la facilité applaudie de fe livrer aux voluptés de toute efpece, les rendit comme néceffaires à une ville où abondoient des hommes de tant de caracteres différens, où la vertu n'étoit plus en honneur ni en crédit, où l'on fe trompoit mutuellement & fans garder aucune bienféance, où la fureur d'accumuler des richeffes les unes fur les autres & de les acquerir par les voies les plus criantes, étoit pouffée à l'extrême. *Ibi funt*, pouvoit-on dire avec Petrone, *& cadavera quæ lacerantur & corvi qui lacerant*. Au milieu de tous ces défordres, quelques Magiftrats fenfibles au devoir de leurs charges, publierent des Loix fomptuaires. C'étoient comme les derniers foupirs de la vertu expirante parmi les Romains. Un de ces Magiftrats en publiant la fienne, fe condamna à n'aller jamais manger en ville, de peur, difoit-il, de voir impunément violer la loi qu'il avoit portée ? *ne teftis fieret contemptæ legis quam ipfe bono publico pertuliffet*. Mais ce qui parut ridicule aux yeux mêmes des Romains, tout corrompus qu'ils étoient, ce

fut

fut l'audace du Triumvir Marc-Antoine qui fit des reglemens févéres contre le Luxe de la table, lui qui portoit ce Luxe au-delà de toutes les bornes, voluptueux par goût & par oftentation ; lui qui employoit des fommes confidérables pour fe faire admirer des convives qu'il raffembloit chez lui, & pour leur offrir tout ce que la terre, les mers les plus éloignées, & même l'air renfermoient de plus rare & de plus exquis : *quidquid mari, aut terrâ, aut etiam cœlo gigneretur, ad fatiandam ingluviem fuam natum exiftimans.*

L'Auteur du Livre intitulé, *Préfages de de la décadence des Empires*, met le Luxe de la table au nombre de ces Préfages, & il ajoûte que pour bien connoître le génie qui regne à la Cour d'un Prince, quelque puiffant ou quelque foible qu'il foit, deux chofes méritent d'être examinées : les opinions qu'il favorife, & l'efpece de Luxe qui lui revient davantage, & qu'il infpire à fes Menins, à ceux qu'il honore de fon amitié. Combien donc eft-il à fouhaiter que les loix fomptuaires, anciennes & nouvelles, fe rétabliffent en France, & que les fages Magiftrats à qui il appartient

de faire obferver ces loix , y veillent avec
la derniere exactitude ? C'eft alors qu'on
dira véritablement , & fans craindre aucun
reproche : *Leges bonæ ex malis moribus*
procreantur.

Le Luxe des habits eft auffi exceffif parmi nous que celui de la table , & je ne
m'en étonne point. La France eft aujour-
d'hui le Païs *de* fafte & de la décoration.
Les mœurs fimples & conformes à la nature , en font bannies. L'air de décence &
de modeftie y eft méprifé , & on veut à
fa place je ne fçai quoi d'infolent & d'au-
dacieux , une contenance de petit Maître.
Chacun afpire à un rang plus élevé qu'il
ne doit , chacun s'applique à paroître plus
qu'il n'eft , & à faire plus de dépenfes , à
mener un plus grand train qu'il ne peut.
On trompe : on eft trompé Ce n'eft point
l'homme qu'on cherche en France , ce n'eft
point à lui qu'on s'attache ; c'eft une efpece
de fantôme orné d'une certaine maniere &
plié fuivant la mode & ce qui fe nomme le
bel ufage ; c'eft un mafque , un acteur de
théatre qu'on demande & fur lequel on
jette les yeux.

L'homme d'efprit, l'homme de mérite
échappe

échappe prefque toujours , tandis que celui
qui ne s'occupe que de fon extérieur , eft
remarqué : & s'il s'apperçoit qu'on ne le
remarque pas affez promptement , il en
avertit.

Sur ce tableau , on juge fans peine que
le François eft curieux de fa parure & de
la maniere de fe mettre. Ce qui le flate davantage , c'eft un maintien impofant , c'eft
une envie conftante de briller : & pour cela,
rien ne lui coûte , rien ne l'arrête , il fe
porte à toute forte de dépenfe. De-là tant de
changemens d'habits , tant de parures bi-
zarres & fouvent ridicules : de-là ce flux
& reflux continuel de modes , ces bagatelles étudiées , niaiferies tournées en chofes importantes. *Quelle folie* , dit Mezerai,
quelle vraie folie ! Quelle plus grande mar-
que d'ignorance & de legereté ! Il parloit
ainfi à l'occafion des Gentils-hommes François , qui ayant toujours été fort fobres &
fort modeftes en habits , s'aviférent fous le
Roi Jean , célébre par fes imprudences , de
s'orner de pierreries comme des femmes ,
& de porter fur leurs bonnets des aigrettes
& des bouquets de plume.

J'ai remarqué que plus les regnes ont été

B 3   forts

forts & ferieux en France , plus on y a
été occupé de grandes chofes , & moins
le Luxe des habits a eu la vogue. Tout au
contraire , plus les regnes ont été foibles
& amortis , plus le Luxe a triomphé , &
avec ce Luxe qui d'abord inonde tout , plus
il y a eu de gens d'affaires entraînés par
une folle avidité , plus de Fermiers Généraux qui ont tyrannifé les peuples , enfin,
plus de diffipation des Finances de la part
du Prince. Le regne de Henri III. en eft
une preuve éclatante. Tandis que les Cour-
tifans s'amufoient à des Jeux bas & puérils ,
qu'on fe partageoit entre les débauches ou-
trées & les dévotions extérieures & de parade , entre les voluptés prolongées bien
avant dans la nuit & des efpeces de maf-
carades Eccléfiaftiques pendant le jour , le
Luxe des habits n'eut aucunes bornes. *Aux*
noces de Joyeufe , dit Mezerai , *tous les*
conviés changerent d'habits fi riches & fi
précieux , que les draps d'or & d'argent n'y
avoient point de luftre. Il y en avoit qui
coûtoient dix mille écus de façon. Enfin la
dépenfe y fut fi prodigieufe que le Roi pour
fa part feulement n'en fut pas quitte à moins
de quatre millions.

Ce-

Cependant, fous un regne fi dépravé, dans un tems *où la corruption étoit telle que les farceurs, bouffons, femmes de mauvaife vie & mignons avoient tout le crédit auprès du Roi*, on fe mocquoit de ces grandes profufions en habits. Mais celui qui le fit avec le plus d'efprit, étoit Buffi d'Amboife. Dans une Fête que donna le Roi *defefpérément brave, frifé & gauderonné, & où fes jeunes mignons étoient autant ou plus braves que lui*, Buffi d'Amboife parut habillé tout fimplement & modeftement, *mais fuivi de fix pages vêtus de drap d'or frifé, difant tout haut que la faifon étoit venuë que les belitres feroient les plus braves.*

Mais comme ce n'eft point ici l'Hiftoire du Luxe des habits que je prétens écrire, je vais au plutôt me rapprocher du tems préfent : tems heureux ! difent les uns, où l'efprit a acquis toute fa perfection, où l'on voit plus diftinctement, l'on penfe plus finement, l'on raifonne plus conféquemment qu'on n'avoit fait jufqu'ici, où les agrémens répandus rendent la vie fi douce & la focieté fi aimable que rien n'en approche : tems malheureux ! difent les autres,

où

où non feulement les vertus, mais encore
les bienféances font dédaignées , où les
mœurs ne font plus que ce que les bizarreries de la Cour en ordonnent , où l'on
fé croit plus habile parce qu'on décide plus
hardiment , où les bagatelles , le goût des
riens , une contenance , une fuite de ma-
nieres étudiées , font l'homme de mérite ,
ou du moins l'homme à la mode.

Quoi qu'il en foit , Monfieur , le Luxe
des habits eft un vrai défordre dans un
Etat , dès que ce Luxe va à confondre tous
les rangs , & à mettre de niveau ceux que
la naiffance ou les emplois doivent nécef-
fairement diftinguer. Les velours par exemple , les droguets & les cannelés de foie ,
font devenus fi communs ces dernieres années , qu'on en a prefque honte. La plûpart
de ceux qu'ennivre l'opulence , las de porter un habit , le donnent au bout de quin-
ze jours ou de trois femaines à certains
domeftiques privilegiés , lefquels fe fauffi-
iant dans la meilleure Bourgeoifie , lui inf-
pirent le goût des étoffes recherchées. C'eft-
là une des caufes du Luxe. Mais en travail-
lant à le réformer , je n'ai point la ridicule manie de ces Légiflateurs qui vou-

droient

droient déterminer une couleur & une façon d'habits pour chaque état & chaque
condition. Tout au contraire la variété des
ajuſtemens bigarrés à l'infini , fait un des
plus beaux ſpectacles des grandes Villes.
L'uniformité ennuyeroit & déplairoit à
chaque pas.

Une autre cauſe du Luxe & plus grande
e core , c'eſt la fureur qu'ont tous les jeunes gens de vouloir paroître. Et comme la
plûpart n'ont pas les moyens de le faire
auſſi ſuperbement qu'ils le ſouhaittent , ils
contractent des dettes dont ils ſe reſſen-
tent tout le reſte de leur vie.

Il y a plus. Accoûtumés qu'ils ſont à
un extérieur brillant , ils conſervent le
même goût & s'embarraſſent peu de cul-
tiver leur eſprit ordinairement vuide de
penſée , & d'orner leur ame qui paroît
ſe refuſer à tous leurs beſoins. Auſſi voit-
on dans l'âge avancé, des hommes qui au
lieu de ſonger à une vertu mâle & géné-
reuſe , au lieu de s'élever à de nobles ſen-
timens , ſont plus minces que des femmes
& paſſent une partie de leur vieilleſſe avec
des Tailleurs, des Brodeurs & d'autres gens
de cette trempe. Ils ſe flatent de réparer

à force de parures les rides de leur viſage
ſuranné & preſque moiſi , & ils n'en ſont
que plus ridicules.

On dira peut - être que le Luxe des habits entretient les Manufactures & hâte la
conſommation , ſoit des étoffes de laine &
de ſoie , ſoit des draps d'or & d'argent ,
qu'on demande de toutes parts. Plus de gens
ſe livrent au Luxe & s'y livrent ſans aucun ménagement , plus l'induſtrie eſt ai-
guiſée & plus l'amour du gain augmente.
A cela je répondrai deux choſes. La premiere , que toutes nos Manufactures , par
le génie même de la Nation qui n'eſt que
trop connu , ont une deſtinée malheureuſe.
D'abord , elles ſe piquent d'arriver à une
certaine perfection & de profiter de l'em-
preſſement déclaré qu'a le public pour toute
nouveauté. Cette perfection acquiſe , les
Manufactures accréditées dégénérent , &
cela d'autant plus vîte que la conſommation
eſt plus grande. Car en France , dès qu'une
marchandiſe réüſſit , tout le monde y court.
C'eſt un feu dévorant. Mais bientôt le relâchement , la malefaçon , la fraude s'y
mêlent. A leur ſuite , marche une décadence générale.

Ainſi,

Ainſi, les Manufactures du Languedoc
ſe ſont perduës, & le commerce du Levant nous a été pour la plus grande partie enlevé par les Anglois. Ces Manufactures fourniſſoient ſeules des draps de toutes
couleurs dans les Echelles du Levant, &
le débit en étoit ſi promt, le gain ſi aſſu-
ré, qu'on ſe mit à les travailler avec moins
de ſoin. On ne doutoit point que les Turcs
accoûtumés aux étoffes de France, ne
continuaſſent à s'en ſervir, & on les crut
aſſez dépourvus de ſens pour ne pas s'ap-
percevoir de la qualité inférieure des draps
qu'on leur portoit. Au relâchement ſuccéda
la malefaçon, & à la malefaçon la fraude
& l'impoſture, de ſorte que les Anglois
plus fins & plus adroits que nous, ſe ſont
attirés ce commerce qu'ils ſoutiennent avec
beaucoup d'exactitude & de bonne foi. En
général les François ſont accuſés d'infidé-
lité dans tout le commerce qu'ils ſont
avec les Païs étrangers. Auſſi les craint-on
juſtement par tout : on ne peut ſe fier ni à
leurs Montres ni à leurs Factures. Les Eſpagnols ſi ſouvent trompés auroient bien
lieu de parler, eux, qui aiment encore
mieux traiter avec les Anglois, quoique
leurs

leurs ennemis déclarés, que d'avoir affaire aux François, malgré l'union politique des deux Couronnes.

L'autre inconvénient qui naît du Luxe des habits, c'est que les bonnes Manufactures du Royaume, les Manufactures utiles, s'abatardissent & se perdent enfin pour d'autres Manufactures moins utiles, & qui méritent moins d'être conservées. C'est ainsi que les draps diminuent tous les jours de qualité, à mesure que les velours & les droguets de soie ont pris faveur, non-seulement ceux fabriqués dans le Royaume, mais encore ceux qu'on y introduit par fraude, comme les velours de Génes. C'est ainsi que les étoffes de soie, les Gros de Tours, ont été peu à peu négligés par le débit augmenté des damas & des satins de Lyon qui étoient devenus à la mode, & qu'on recherchoit de préférence.

On s'apperçoit au premier coup d'œil que si les hommes exaggerent le Luxe des habits, les femmes l'exaggerent encore davantage. *Virorum hoc animos vulnerare posset : quid muliercularum, quos etiam parva movent ?* Esclaves de toutes les modes, elles les suivent ou les parcourent toutes. *La*

façon

façon de se vêtir présente , comme parle
Montagne , *leur fait incontinent condam-*
ner l'ancienne , d'une resolution si grande
& d'un consentement si vniversel , que vous
diriez que c'est quelque espece de manie qui
leur tourmente ainsi l'entendement. Parce que
les changemens sont si subits en cela , que
l'invention de toutes les tailleuses du monde
ne sçauroit fournir assez de nouveautés , il
est force que les modes méprisées revien-
nent en crédit , que celles-là même tombent
en mépris tantôt après , & qu'un même
jugement prenne en l'espace de 15. *ou* 20.
ans non diverses formes & opinions seule-
ment , mais contraires , d'une inconstance,
& d'une légerete incroyable.

Voilà une foible esquisse des bizarreries
& des disparates de la Mode, de cette
Reine impérieuse qui gouverne tout en
France, habillemens , meubles , ouvrages
d'esprit , mœurs , sentimens , religion même. Mais si son pouvoir est par-tout bien
grand , il l'est encore plus en ce qui regarde le Luxe. Combien , pour satisfaire à notre inconstance naturelle , ne faut-il pas de
formes différentes d'habits , de meubles dif-
ferens? Combien d'étoffes de soie , de tissus
d'agremens ,

d'agrémens, de dentelles d'or & d'argent, qui naiffent, renaiffent & meurent tour à tour ? il femble que chaque luftre un nouveau peuple, un peuple étranger, vient s'établir en France, & qu'il ne reffemble ni de mœurs ni d'habits, à peine même de vifage, au peuple qui l'a dévancé, au peuple qu'il remplace.

A l'égard du luxe que les femmes fçavent toujours rafiner & qu'elles portent peu à peu à l'extrême, j'ofe affurer d'après Mezerai *qu'il commença fous le regne de François I. qu'il fe rendit prefque univerfel fous celui de Henri II. & fe déborda enfin jufqu'au dernier point fous Charles I X. & fous Henri III.* On fçait quels progrès il a fait depuis. Mais pour ne parler ici que de François I. on remarque que ce Prince qui avoit beaucoup de goût pour toutes les chofes d'éclat & qui aimoit fort à faire montre de fa puiffance & de fa grandeur, attira les Dames à fa cour, perfuadé, comme dit Mezerai, *que tout ce beau monde rehaufferoit l'éclat de fes pompes, joint qu'il étoit d'inclination amoureufe. Du commencement cela eut de forts bons effets, cet aimable fexe y ayant amené la politeffe & la courtoifie,*

&

& y donnant de vives pointes de générosité aux ames bien faites. Mais les mœurs s'étant depuis corrompuës, *ce qui étoit une belle source d'honneur & de vertu* devint l'amorce de tous les vices & le prix de toutes les lâchetés.

La troisiéme branche du Luxe est d'un détail infini. Elle comprend les équipages, les livrées, les ameublemens qui changent chaque jour, enfin, *toutes ces magnificences,* comme dit Mezerai, *que le luxe invente & que Paris, le théatre des merveilles, admire avec respect, & convient toujours n'avoir jamais rien vu de semblable.* Elle comprend encore tous ces petits meubles, tous ces bijoux d'or & d'argent, gravés, ciselés, damasquinés, artistement travaillés, dont en général les François sont si curieux, & parmi les François encore, ce qu'on appelle le beau monde. Et n'allez pas croire qu'il n'y ait de ce beau monde qu'à la Cour & à Paris. Toutes les villes de Provinces en ont à leur maniere, les unes plus, les autres moins ; le Clergé lui-même a son beau monde : Jeunes Abbés lestes & galans qui ne songent qu'à plaire aux Dames & ne s'usent point sur les bancs de l'école ; Chanoines

noines gras & bien nourris , promts à fe ré-
jouir & lents à fe rendre aux offices prefcrits :
Evêques enfin qui ignorent la réfidence dans
leursDiocèfes & s'endettent pour briller dans
la Capitale. Il eft certain qu'avant le regne
de François I. on ne voyoit point à la Cour
ni à Paris , tout ce ramas de gens d'Eglife
qui n'y ont d'autre occupation que le plaifir , & l'amufement des autres. *Si ce fut un*
grand Roi , dit Brantôme , *on ne peut s'em-*
pêcher de le blâmer de deux chofes qui ont ap-
porté plufieurs maux à la Cour & en France ,
non feulement pour fon regne , mais pour celui
des autres Rois fes fuccefleurs : l'un pour
avoir introduit en la Cour les grandes aflem-
blées , abord & réfidence ordinaire des Dâ-
mes ; & l'autre pour y avoir appellé , inftallé ,
& arrêté fi grande affluence de gens d'Eglife.
Or tout ce qu'on appelle le beau monde
eft friand de bijoux , qui de Paris fe répandent dans tout le refte du royaume : bijoux
dont la mode change deux ou trois fois l'année : Chacun avec ardeur tâche d'en avoir :
chacun fe félicite d'en être nanti. C'eft un
empreffement , un air de galanterie , de fe
les montrer les uns aux autres. Une taba-
tiere , une canne d'un goût nouveau paroît-
elle :

elle : tout le monde en demande. On rougit presque de n'être pas des premiers, à qui des meubles si jolis ayent été présentés. On se plaint de n'en avoir point eu la primeur. On s'accuse de peu de goût, de peu d'invention.

Tout cela regardé d'un certain biais ne paroît que des bagatelles. Mais qu'est-ce que le luxe, sinon une suite de bagatelles métamorphosées en choses de conséquence ? Changer la forme de ses habits & de ses meubles tous les six mois, ne semble au fond qu'un jeu, qu'un frêle amusement. Rien cependant ne marque plus l'inconstance & la legereté d'une nation trop avide de ce qui est nouveau, & incapable de se fixer. Rien ne marque plus le goût de cette même Nation pour le frivole, pour l'apparent, pour une certaine décoration extérieure. Et combien un pareil caractére ne donne-t'il pas lieu à des dépenses inutiles & superfluës, au luxe en un mot qui a passé toutes les bornes ? Ce luxe est encore autorisé, tant par les fortunes immenses & subites qu'on fait dans le royaume, que par l'opulence mal reglée de tous ces hommes nouveaux qui paroissent tout-àcoup sur la scene, & qui le plus souvent sortent de la plus basse origine. C'est

C   les

les ménager que de ne point parler de leur naiffance, ni de leur éducation.

Je fuis avec les fentimens les plus diftin-gués, Monfieur &c.

EXAMEN

EXAMEN

DU IX. CHAPITRE

DE L'ESSAI POLITIQUE
sur le Commerce,

LEQUEL RENFERME UNE ESPECE
d'Apologie du Luxe.

Rarò & perpauca loquentis.

I.

,,NOus voilà conduits à la matiére du
,,luxe & de ses ouvriers, l'objet de
,,tant de vagues déclamations, qui partent
,,moins d'une saine connoissance, ou d'une
,,sage sévérité de mœurs, que d'un esprit
,,chagrin, & envieux.

L'Auteur de *l'Essai Politique sur le Commerce* suppose sans preuve que ceux qui combattent le luxe, ne le font que par une rigueur mal-entenduë, ou par une austérité

C ij   de

de mœurs portée trop loin. Je penfe au contraire que le vrai motif qui les anime, eft
l'amour du bien public, cet amour fi ignoré
aujourd'hui, & qui peut feul engager un honnête homme à dire librement ce qu'il penfe,
fans craindre de bleffer les oreilles de ces cri-
tiques de profeffion qui affectent un air difficile, afin de paroître plus délicats. En effet,
comme le difoit Mr. de Thou dans la Pré-
face de fa grande Hiftoire, on n'aime véritablement fa Patrie, que lorfqu'on attaque
les erreurs & les folles préventions qui s'y
répandent avec d'autant plus de vîteffe, que
perfonne ne s'y oppofe.

I I.

„Si les Hommes étoient affez heureux
„pour fe conduire par la pureté des maximes
„de la religion, ils n'auroient plus befoin
„de luxe. Le devoir ferviroit de frein au
„crime & de motif à la vertu, &c.

Hé quoi! parce que les Hommes aveugles
fur leurs intérêts propres & peu touchés de
ce qui doit faire leur bonheur, s'écartent
de la Religion; faut-il établir des principes
qui rendent inutiles les grands fentimens
que

que cette Religion infpire ? Tout au contraire, ne doit-on pas les y ramener pár des
infinuations douces & adroites ? Ne doit-
on pas leur faire fentir que la fource de toutes les loix eft dans la Religion naturelle,
accruë & fortifiée par la Religion révélée ;
enfin, que Dieu n'a rien prefcrit à l'homme
que ce qui pouvoit convenir à un être qu'il
a lui-même créé raifonnable.

III.

» Le militaire n'eft valeureux que par am-
» bition, & le Négociant ne travaille que
» par cupidité ... Le Luxe leur devient nu
» nouveau motif de travail.

La nation Françoife dejà affez avilie par
tant de circonftances malheureufes, le feroit
bien davantage, fi ce que dit ici l'Auteur de
l'Effai fur le Commerce étoit vrai. Un militaire, homme de condition & plein de courage, ne prend le parti des armes que parce-
que ce parti, le plus noble de tous, eft fon
élement. Il n'a point d'autre profeffion à
embraffer. C'eft la fienne. Les uns s'y avan-
cent, les autres fe retirent au bout d'un cer-
nombre de campagnes. Mais en vérité

ils ne fongent point tous à vivre dans le Luxe : ce ne fut-là jamais leur but. La plûpart même fe ruinent, & obligés enfuite de vivre avec une médiocre penfion, ils traînent une vieilleffe languiffante & dénuée de tous fecours. A l'égard des Négocians, ils travaillent pour fe mettre à leur aife, pour fe procurer les commodités de la vie, pour bien établir leur famille. Il eft vrai que plufieurs d'entr'eux ayant fait une fortune rapide & peu méritée, fe livrent fouvent au Luxe, & s'y livrent fans aucun ménagement. Mais qu'en arrive-t'il ? leur ruine totale, des banqeroutes frauduleufes, plus communes encore en France que par tout ailleurs.

I V.

,, Le Luxe eft une fomptuofité extraor-
,, dinaire, que donnent les richeffes & la fé-
,, curité d'un gouvernement ; c'eft une fuite
,, néceffaire de toute fociété bien policée.

Retranchons le mot de Luxe, & difons que l'abondance eft la véritable marque d'un gouvernement bien reglé, d'une fociété où regne une fage police. Qu'on laiffe l'autorité dûë aux Loix, fans les gêner par des fur-

féances

séances & des évocations odieuses ; qu'on
entretienne une police qui embrasse également
toutes les conditions, qui s'étende sans
faveur à tous les états, qui soulage les mi-
seres humiliantes des pauvres & réprime les
libertés indiscrettes des opulens & des riches, on verra regner l'abondance qui comme une eau fertile se répandra par tout.
Mais que les loix soient renversées, que la
police affoiblie ne s'observe plus, on verra
diminuer l'abondance, & le Luxe prendre sa
place : on verra de folles profusions en choses indécentes, des dépenses qui loin d'augmenter la félicité publique, sembleront en
quelque maniere une insulte faite aux
mœurs, au goût, à la raison.

V.

» Des bas de soie étoient Luxe du tems
» de Henri second, &c.

Quoiqu'on en dise, les bas de soie n'é-
toient pas alors Luxe, mais une chose chere :
ce qu'il faut bien distinguer. On sentoit parfaitement au milieu d'une Cour aussi volup-
tueuse, & en même tems aussi fine, que
celle de Henri II. combien il étoit à souhai-

ter que l'usage de la soie devint plus commun : mais en attendant, peu de personnes y pouvoient porter la main. Quand au commencement du dernier siécle, graces aux attentions bien faisantes des Jesuites, la prise de quinquina valoit cinquante francs: étoit-ce un Luxe d'y avoir recours, pour chasser la fiévre? Il falloit seulement être riche.

V I.

» Lorsqu'un état a les hommes nécessaires
» pour les terres, pour la guerre & pour les
» manufactures, il est utile que le surplus
» s'emploie aux ouvrages du Luxe.

Je doute 1°. que quand les terres seront bien cultivées, les troupes completes, les manufactures remplies d'ouvriers, il y ait des hommes de surplus dans un état tel qu'il soit. 2°. En supposant même qu'il y ait des hommes de surplus, manque-t-il d'ouvrages publics où l'on puisse les employer? de nouveaux chemins à applanir, des ponts à bâtir, des hôpitaux à relever, des communications de rivieres à pratiquer. Toute la ressource est donc le Luxe, on ne peut autrement éviter l'oisiveté : Est-ce là parler en Législateur?

V I I.

VII.

»Dans quel fens peut-on dire que le
»Luxe amolit & dégrade une nation &c?

Il me paroît que c'eft dans le fens le plus
fimple & le plus naturel. Le Luxe conduit
à tous les excès, puifqu'il eft lui-même un
excès. C'eft le rafinement de l'abondance.
C'eft un ajoûté fouvent ridicule à l'utile, au
commode, à l'agréable que peuvent donner
les richeffes.

VIII.

»Lorfque dans les dernieres guerres nos
»armées ont été battuës, il y regnoit bien
»moins d'abondance que dans le tems bril-
»lant de nos victoires. Le Luxe eft en quel-
»que façon le deftructeur de la pareffe &
»de l'oifiveté.

J'avouë que dans le tems de nos profpéri-
tés, lorfque nous donnions la loi à toute
l'Europe foumife & intimidée par le bruit de
nos armes, j'avouë, dis-je, que l'abondance regnoit parmi nos troupes. Elles étoient
bien payées, bien nourries, bien vêtuës.

Les

Les Généraux attentifs refpectoient la vie des hommes, & ne les expofoient qu'à propos. Que les chofes ont changé depuis! Nos troupes réduites aux dernieres extrémités, tranfies de froid, manquant de pain, facrifiées par des Officiers ignorans ou téméraires, ont été battuës. Certainement, le Luxe n'y avoit point de part. Mais il n'en étoit pas ainfi par rapport aux Officiers. Ils avoient tous des chaifes de pofte, tous des fourgons, un grand nombre de domeftiques. Leurs tables étoient fervies délicatement. Le moindre Officier avoit une toilette à l'armée, une robe de chambre. C'étoit-là le triomphe du Luxe. Mais il faut paffer fi vîte fur des chofes fi odieufes, & oubliant ce qui eft honteux à la nation, tâcher d'imiter ce qui fe pratiquoit fous le grand Condé, fous l'attentif & l'exact Turenne, fous le févére Catinat.

IX.

» Le Luxe d'une nation eft reftreint à un
» millier d'hommes, relativement à vingt
» millions d'autres non moins heureux
» qu'eux, lorfqu'une bonne police les fait
jouir

» jouir tranquillement du fruit de leur labeur.

Il me paroît que le Luxe & la bonne Police font deux chofes imcompatibles. Elles fe chaffent, fe détruifent mutuellement. L'Auteur de l'*Effai fur le Commerce* confond toujours le Luxe avec l'abondance, qui eft véritablement la fuite d'une bonne Police & fon principal objet. Cette Police veut que tout le monde foit heureux fous un gouvernement fage & modéré, que tous les citoyens contribuent fuivant leur induftrie & leurs facultés au bien public. Mais elle ne veut pas que quelques-uns d'entr'eux fe ruïnent en folles dépenfes, & infultent en quelque maniere aux autres. Cela ne peut caufer que haine & jaloufie.

X

» C'eft peut-être le Luxe qui a banni des » villes & de l'armée l'yvrognerie, autrefois » fi commune & bien plus nuifible pour le » corps & l'efprit.

Chaque vice, chaque défaut a fon tems. On veut aujourd'hui des liqueurs quinteffenciées, des feux agréables & brûlans. Il y a des Provinces où l'on s'enyvre encore : il y en a d'autres où l'on fe pique un peu plus de fobriété.

fobriété. Dans les campagnes, prefque tous
les Gentilshommes oififs font adonnés au
vin. La chaffe remplit les intervalles que les
plaifirs de la table laiffent vuides. Mais qu'on
ne s'y trompe point, tout à peu près revient
au même.

Suum quemque decet. Quibus divitiæ domi
  funt, Scaphio & cantharis
Batiolis vivunt : at nos noftro famiolo
  poterio,
Ut ut eft vivimus.

XI.

»Le vague fe trouvera toujours dans la
»Politique, lorfqu'elle ne fera point rame-
»née à fes principes fimples & généraux, qui
»font fufceptibles de toute la démonftration
»que la Morale peut comporter.

Il ne faut, pour condamner le Luxe, que ces
deux chofes ; recourir aux premiers principes & de la Morale & de la Politique, qui
fe prêtent mutuellement la main. Ces principes réünis & combinés enfemble, font
voir combien le Luxe eft pernicieux. D'un
côté, la Juftice en eft bleffée, on manque

à

à la *bienfaifance* dûës aux autres hommes :
de l'autre , on nuit à la focieté , en tournant
à des bagatelles , des dépenfes qui feroient
mieux employées à des chofes utiles & effen-
tielles. C'eſt-là l'effet du Luxe.

XII.

» Lorſque dans les dernieres guerres , les
» Armateurs des villes maritimes revenoient
» chargés des depouilles ennemies, étaler
» leur opulence par des profuſions extraordi-
» naires , c'étoit le lendemain à qui feroit de
» nouveaux armemens , dans l'efpérance de
» gagner dequoi faire les mêmes dépenfes.
» C'eſt à ce motif que nous devons les grands
» fervices qu'ils ont rendus à l'Etat , & les
» actions étonnantes des Flibuſtiers.

L'Auteur de l'*Effai fur le Commerce* n'eſt
pas fort inſtruit de ce qui regarde les armemens en courſe , & les voyages de la mer du
Sud. Il eſt vrai que quelques intéreſſés tant
à ces voyages qu'à ces armemens, les Volon-
taires , les Officiers fubalternes , fe font por-
tés à des dépenfes extravagantes. Mais tous
n'ont point agi de la même maniere , heureuſement pour eux , plus heureuſement
encore

encore pour le bien du Royaume. Qu'on le demande à faint Malo, à Nantes, à Bordeaux, à Bayonne. Le Luxe n'a détruit que les fous; les fages ont ménagé leurs fonds pour continuer leur commerce, ou faire de nouveaux armemens. S'ils s'étoient oubliés par vanité, ou par amour du plaifir, bientôt leur ruine totale s'en feroit enfuivie. Un plaifant motif que le Luxe, pour rendre des hommes utiles à un état! Je croirois au contraire que ce motif les y rendroit moins propres. A l'égard des Flibuftiers, l'exemple eft offenfant. C'étoient des malheureux fans loi, fans mœurs, fans aucune probité, que la débauche avoit raffemblés & qui facrifioient à cette même débauche les dépouilles qu'ils enlevoient aux Efpagnols. C'étoient des voleurs extrêmement braves, des incendiaires pires que les Goths échappés des plages du Nord, & qui ravageoient inhumainement tout ce qui s'offroit à leurs yeux.

XIII.

» Le fomptueux Lucullus, encore plus
» grand Capitaine & auffi jufte que Caton,
» fut toujours libéral & bien-faifant.

Ce n'eſt pas ici le lieu de comparer Lucullus & Caton. Le parallele ſeroit déplacé. Il ſuffit de dire que le premier fut accuſé d'avarice & d'une ſévérité outrée, tant qu'il commanda les armées. Rendu enſuite à lui-même, content de mener une vie privée, il ſe jetta dans des profuſions inouïes. Ciceron qui vivoit familiérement avec lui, diſoit pour le diſculper, qu'il étoit juſte que Lucullus rendît à la République par ſes magnificences, les richeſſes qu'il avoit amaſſées par ſon avarice ſordide.

XIV.

» Qu'importe à l'Etat qu'une ſotte vanité » ruine un particulier envieux de l'équipage » de ſon voiſin ? C'eſt la punition qu'il méri-» te, & l'ouvrier plus eſtimable que lui s'en » nourrit. »

Si ce particulier étoit iſolé, peut-être que ſa ruine importeroit peu à l'Etat. Mais s'il eſt marié, s'il a des enfans, tout l'Etat a intérêt d'empêcher ſa ruine. En effet, par ſes folles dépenſes, ſa femme eſt expoſée à des périls qui doivent allarmer la vertu, ſes enfans ſont privés de l'éducation qu'il leur doit

doit , & au lieu de devenir de bons citoyens , deviennent des hommes pervers , ou des oi-sifs incapables d'aucune profession honnête. Et cette considération ne doit-elle pas suffi-re , pour engager ceux qui en ont le pouvoir , à diminuer les effets du Luxe & à balancer continuellement les moyens par où une fa-mille s'enrichit , se procure des biens utiles , & ceux par où elle s'appauvrit & tombe en décadence ? On ne sçauroit par conséquent donner de trop grandes louanges à l'œcono-mie & à la frugalité. Elles suppléent à ce qui manque du côté des revenus : elles maintien-nent les familles , & pour tout dire , les Etats qui sont un vaste composé de familles.

XV.

» Pourquoi se récrier sur tant de folles dé-» penses ? Cet argent gagné dans le coffre de » l'homme somptueux , seroit mort pour la » société.

Je crois que l'argent employé à de folles dépenses , n'a pas une vie plus réelle que l'ar-gent enseveli dans un coffre. Il ne procure point la consommation qui regarde tous les citoyens : il procure seulement le Luxe qui

se

se borne à un petit nombre de gens. C'est donc à ceux qui président aux divers besoins de la société, de proposer des motifs qui annoblissent les dépenses de l'homme somptueux : & comme tout est mode parmi nous, que les François prennent volontiers le ton les uns des autres, je juge qu'on viendroit aisément à bout de les corriger du Luxe, au moins de celui qui *est porté au plus haut point, & même au ridicule*, ainsi que l'Auteur de l'*Essai sur le Commerce* est obligé d'en convenir. Les personnes en place n'ont qu'à donner l'exemple : on s'y conformera. *Obsequium inde, & æmulandi amor, validior quam pæna ex legibus & metus.*

XVI.

»Les hommes se conduisent rarement »par la Religion. C'est à elle à tâcher à dé-»truire le Luxe, & c'est à l'Etat à le tourner »à son profit : & lorsque nous avons parlé »des vaines déclamations, ce n'est point de »celles de la chaire où les abus des particu-»liers sont justement foudroyés, mais de »celles qui nous sont communes avec les »satyres des Payens.

Si la Religion conduit rarement les hommes, c'est en partie leur faute, en partie
celle des Légiflateurs & des perfonnes qui
gouvernent. Leur conduite peu ménagée,
la vie voluptueufe qu'ils menent, la fauffeté
des principes fur lefquels eft appuyée leur
Politique, font plus de mal que la Religion
ne peut faire de bien. *Non tam imperio nobis
opus eft quàm exemplo.* Mais loin de l'aban-
donner pour cela, il faut au contraire tâcher
d'y porter efficacement les hommes, il faut
leur infpirer les grands principes : & je fuis
convaincu que dans le détail on les trouve-
roit plus fouples & plus dociles qu'on ne
penfe. D'ailleurs les fatyres ingénieufes des
Payens contre le Luxe, marquent parfaitement que la raifon feule fuffit & pour le condamner & pour s'affurer par foi-même que
c'eft la plus grande plaie que puiffe recevoir
un Etat.

XVII.

» Le Luxe ne doit pas être confondu
» avec l'ufage des marchandifes des Indes
» défendu par le Confeil du Commerce.
» Car c'eft moins par leur richeffe, que
» pour la confommation d'étoffes encore
plus

»plus riches de nos Manufactures.

Les étoffes des Indes font fort au deffus des nôtres. Leurs couleurs font plus vives & plus diverfifiées, que les couleurs des étoffes qu'on fait en France. On a aux Indes plus de cent trente nuances différentes de rouge, & à peine en avons-nous onze ou douze. Il y a plus. Les étoffes des Indes fe lavent & fe nettoient fans peine, elles perdent rarement leur éclat : au lieu que les nôtres fe terniffent d'abord & prennent un petit œil gras, ce qui vient du débouilli ou du défaut des *mordans.* En effet, toutes nos foies fe déteignent facilement, & l'air les mange. Mais comme il eſt à propos de foûtenir nos Manufactures, rien n'eſt plus fage que de défendre l'entrée des étoffes étrangéres, pour procurer le débit & affurer la confommation des nôtres.

XVIII.

» Le prix des fucres & des autres denrées »doit fe foûtenir, parce que leur confomma- »tion annuelle augmente à proportion de » leur produit.

Je fuis fâché que l'Auteur de l'*Effai fur le Commerce* ne s'entende pas ici lui-même

Poui

Pour le rendre plus clair, & pour nettoyer
ſes idées, il me paroît à propos de diſtinguer
les denrées qui croiſſent dans le Royaume,
de celles qui viennent de nos Colonies. La
conſommation des premieres eſt à peu près
fixe, & le produit ne l'augmente point ou
du moins l'augmente très-peu. Mais comme
le Royaume fournit plus de denrées qu'il
n'en peut conſommer, c'eſt une choſe néceſ-
ſaire qu'il en faſſe part aux païs étrangers.
Toute l'Europe s'en reſſent, & la France
fertiliſée y trouve un commerce réel, un
fond inépuiſable, malgré les variations qui
arrivent ainſi que les plus ou moins de valuë.
Pour les denrées qu'on tire de nos Colonies
comme les ſucres, les indigo, le rocou, les
cacao &... leur conſommation n'augmente
point à proportion de leur produit, au moins
dans le Royaume : & ces Colonies ſeroient
bien malheureuſes, ſi elles étoient fermées
aux étrangers, c'eſt-à-dire, aux Anglois &
aux Eſpagnols. Eux ſeuls peuvent les enrichir, & les enrichiſſent effectivement. On
a beau s'oppoſer à ce commerce, & le défendre par des reglemens en ſecret démentis.
Il eſt trop lucratif, pour ſouffrir une longue
interruption : il ſe reproduit de cent manie-
res différentes.

FRAGMENS

FRAGMENS

D'UN AUTEUR GREC,
trouvés dépuis peu dans la Bibliothéque d'Oxfort, & traduits en François.

Multa renafcentur.

D 3

FRAGMENS
D'UN AUTEUR GREC
TRADUITS EN FRANÇOIS.

Quelques années après la mort d'Alexandre le Grand, toute la Gréce dévorée par une ambition qui ne connoissoit plus de bornes, se trouva dans une confusion terrible. Le Luxe qui va toujours en augmentant, l'oubli des devoirs les plus essentiels, les dépenses accumulées sans ordre & sans goût, l'amour du bien particulier qui exclud l'amour du bien public, tout en un mot avoit perdu & défiguré les différentes Républiques & les Villes libres dont la Gréce étoit composée. Plus d'union, plus d'harmonie entr'elles. Ici, on vouloit la guerre, quoique ruineuse & insensée : on l'alloit porter dans des régions lointaines, sans se ménager des retraites ni des places de sûreté. Là, on préféroit la paix sans s'embarasser si elle étoit appuyée sur des fondemens solides. Plus loin, on languissoit dans une crainte

basse

baſſe & ſervile : on ſouffroit les affronts les
plus cruels, ſans avoir le courage de s'en
venger : on ſe contentoit d'excuſes frivoles,
au lieu de recourir hautement à la voie des
armes. Plus loin encore, on s'intriguoit, on
négocioit frauduleuſement , on ſe trompoit
avec art : ce qui eſt toujours le partage des
hommes lâches & timides.

Dans ce renverſement général de toutes
les Loix que la ſageſſe des Grecs avoit autrefois établies, & qui faiſoient la ſûreté réci-
proque de ceux qui gouvernoient & de ceux
qui étoient gouvernés, Athenes paroiſſoit
comme un vrai ſquelette. Il n'y avoit plus
de pratiques de Religion reſpectées, ni de
bienſéances obſervées, ni de vertus récom-
penſées. Tous les rangs étoient détruits. La
conſuſion regnoit dans les familles, & elles
ne connoiſſoient plus ces ſecours obligeans
& mutuels qui les ſoulageoient auparavant.
Des étrangers ſortis à peine de l'eſclavage,
encore flétris du fer chaud qui les avoit mar-
qués, occupoient une partie des premieres
places & faiſoient les importans. On avoit
oublié la maxime de Philippe & d'Alexandre , qu'il falloit chercher des hommes propres aux emplois, & non pas des emplois
pour

pour les hommes. Ceux qui avoient été oc-
cupés par Leonidas, par Calliclés, par
Aristide, l'étoient alors ou par des gens vils
& sans talens, ou par de jeunes corrompus,
sans mœurs & sans aucune apparence de
probité, ou par des mercenaires qui s'é-
toient avancés à prix d'argent & qui trafi-
quoient sans choix & sans mesure de toutes
les graces qui dépendoient d'eux.

Les Colleges des Pontifes, principalement
des Pontifes qui étoient consacrés à Minerve
la bonne conseillere, à Apollon de Delos, à
Hercule le Dieu fort, à la Fortune des
Grecs, avoient perdu tout leur crédit &
toute leur considération. On ne les regar-
doit plus que comme des lieux où une molle
négligence avoit succédé à la sévérité des
mœurs, l'esprit de fraude & d'accommode-
ment à l'amour exact de la vérité, de pué-
riles observances aux anciens rits de la Religion des Grecs ; où l'on n'osoit penser ni
par soi-même ni pour soi-même ; où l'on re-
cevoit lâchement le ton de ceux à qui on
devoit hautement le donner. Ces Pontifes
d'ailleurs desaccoûtumés d'une vie sobre,
frugale & sédentaire, ne respiroient qu'ambition & qu'avarice, sacrifioient tous les
égards

égards de leur condition véritablement refpectable, aux préjugés de ceux qui pouvoient les enrichir & augmenter leurs revenus. Ce qui étoit d'autant plus triste que
la bonne conduite des Prêtres en général
peut faire autant de bien à un état, que leur
mauvaise conduite, exposée à tous les yeux,
lui peut faire de mal.

L'Aréopage ou le Conseil général d'A-
thenes, au lieu d'hommes graves, sérieux,
pénétrés de l'amour de la justice & incapables de s'en écarter, n'offroit presque plus
que des jeunes gens dont le caprice régloit
& la forme & le fond des jugemens qui
s'y rendoient. Aussi voyoit-on en moins de
huit jours des décrets & des ordonnances
contradictoires. Les Citoyens indigens é-
toient rebutés, ils réclamoient envain l'autorité gênée & restreinte des loix : tout
étoit fermé à leurs cris, tout étoit sourd à
leurs plaintes presqu'aussi méprisées qu'inutiles. Les riches au contraire opprimoient
sans rien craindre, ils plioient les Juges
dociles & intimidés, souvent susceptibles
d'un certain appas de gain, à leurs volon-
tés particuliéres. Quelques-uns de ces Juges
sentoient toute la servitude où ils étoient
livrés ;

livrés : mais ils n'oſoient point faire un gé-
néreux effort pour s'en dégager. Et d'ailleurs
ce n'eſt plus aujourd'hui le tems de dire ce
qu'on penſe, ni de penſer ce qu'on doit.
Il faut être lâche & flateur.

Les hommes de guerre ſont auſſi dégra-
dés que les autres états de la République ;
ils n'ont plus le génie qui leur eſt propre :
ils ſe diſpenſent des formalités que les Loix
ont établies & ſe mettent au-deſſus de ces
Loix mêmes, pour ſe comporter avec toute
licence : ils perdent les plus belles occaſions
de combattre, par l'uſage où ils ſont de
paſſer une partie du jour à table & toute
la nuit dans leur lit. Ils ne ſavent rien
prévoir ni rien préparer de loin, faute de
certaines dépenſes faites à propos, pour
payer des eſpions & des coureurs. Ils ne
prennent point ſur les événemens le même
empire qu'ils doivent prendre ſur leurs
troupes diſciplinées & aguerries. Loin de
ſe maintenir dans cette fermeté de conduite qui ſiéd aux grands Hommes, ils re-
çoivent la loi de la néceſſité ou du hazard,
& ils perdent à délibérer le tems deſtiné à
agir. Enfin, nos gens de guerre ont preſque tous dégénéré de l'ancienne bravoure
de

de la nation, bravoure qui l'avoit diſtinguée en tant de rencontres, comme à Marathon, à Salamine, à Platée. O ! qu'eſt devenu ce tems fertile en Heros, où la Gréce par-tout triomphante & par-tout reſpectée, comptoit des Ariſtides parmi ſes premiers Magiſtrats, des Ariſtodémes parmi ſes Archontes, des Iſocrates & des Démoſthénes parmi ſes Orateurs, des Codrus & des Miltiades parmi ſes Généraux d'armée ! Quels hommes ! Et combien leurs conſeils & leurs remontrances avoient-ils d'autorité dans la Gréce ? Tout eſt aujourd'hui changé. A peine nos Officiers peuvent-ils monter à cheval, par la molle habitude qu'ils ſe ſont faite de jouir de toutes les aiſes de la vie. Il leur faut des Chars & des Litiéres, & quelquefois une armée de dix mille hommes ſeulement en a 3000. à ſa ſuite & parmi ſes bagages.

Ici eſt une lacune conſidérable qui, au jugement des Antiquaires & des Commentateurs, occupe pluſieurs pages.

Mais quels ſont les moyens qui peuvent contribuer à faire fleurir un Etat, à le rendre

dre formidable au dehors & tranquille au
dedans , à arranger les chofes de maniére
que ceux qui commandent & ceux qui
obéïffent , y trouvent également leur sûreté
& leur bonheur ? J'en connois plufieurs ,
dont le premier fans doute eft l'exacte obfervation de toutes les Loix établies & en-
régiftrées dans les villes principales : obfervation fi néceffaire , que fans elle tout fe
porte infenfiblement à une ruïne générale ,
le mérite ignoré ne peut fe faire jour , les
vices ne font point punis , les vertus ne
font point récompenfées : obfervation fi
néceffaire encore une fois , qu'elle peut feule réprimer les violences & les rapines des
perfonnes riches & puiffantes , fur-tout dans
les Provinces éloignées de la Capitale ;
qu'elle peut feule arrêter la licence de tant
de gens hardis & pleins d'eux-mêmes qui
s'abandonnent à de folles paffions & comp-
tent fur une impunité , hélas ! trop commune ; qu'elle peut feule modérer le zèle
inquiet des Pontifes fuperftitieux qui fe
flatent de donner à leurs idées particuliéres je ne fçais quel fçeau de la Réligion ;
qu'enfin elle peut feule entretenir la fym-
métrie dans un Etat & faire correfpondre
toutes

toutes ſes parties bien liées les unes aux autres. Et comme peu à peu on ſe négli- ge, on ſe porte au relâchement ; comme les meilleures Loix perdent inſenſiblement de leur luſtre & de leur vivacité, rien n'eſt plus à ſouhaiter que de voir de tems en tems naître quelques-unes de ces ames roi- des & vertueuſes, qui ſans aucune com- plaiſance, par goût du vrai & par amour de la juſtice, rappellent toutes choſes à leur point fixe & rendent à ce qui eſt terni ſon premier éclat, & à ce qui eſt fauſſé ſon premier allignement.

Le ſecond moyen propre à faire fleurir un état, c'eſt la bonne éducation donnée à la jeuneſſe, d'où découlent les principes de conduite néceſſaires pour tout le reſte de la vie. Mais par malheur tous les éta- bliſſemens utiles à la jeuneſſe ont été dé- truits à Athénes, & il ſemble qu'on tâche d'y établir l'ignorance qui eſt le plus grand de tous les maux dont un peuple infortu- né puiſſe être atteint, & qu'au lieu d'hom- mes vertueux & libres, on veuille faire des hommes abjets, eſclaves & barbares. De-là naiſſent l'aviliſſement de l'eſprit & la corruption du cœur. On ne *penſe* plus, on

on se jette dans toutes sortes de débauches.
Des hommes ignorans sont très-disposés à
se laisser séduire par le premier fanatique
qui voudra les mener. On les dupe d'autant
plus facilement que la crédulité est l'appanage de l'ignorance : au lieu qu'une nation
éclairée est fidéle à ses devoirs ; elle connoît
tout ce qui est dû à l'être suprême & tout
ce qu'éxigent les loix de la Morale ; elle
distingue parfaitement la Réligion naturelle, gravée dans tous les cœurs, des pratiques & des cérémonies introduites en
différens tems. Rien enfin ne rend les hommes plus hommes que les connoissances
ménagées à propos, & qui se répandent
sans bruit de proche en proche.

Le troisiéme moyen que je propose, est
de balancer toutes les conditions de maniére qu'on puisse s'y soûtenir avec honneur, sans faire de ces fortunes rapides &
extraordinaires qui surprennent ceux même
qui les ont faites. Dès que la porte dans
un état est ouverte aux gains illicites, dès
qu'on y peut devenir riche en peu de tems,
qu'on y adore ceux qui possédent ces richesses d'autant plus mal acquises qu'elles
le sont avec rapidité, il ne faut point douter

ter que la corruption ne devienne bientôt générale. Le Luxe inonde tout, & traîne à sa suite une foule de désordres. Personne n'est satisfait de sa condition : personne ne cherche à se mettre au niveau de ses facultés. Les désirs augmentent, & les bésoins se multiplient. C'est à la Fortune que tout le monde court, que s'adressent & les jeunes gens & ceux qui vieillissent. La vertu, l'honneur, l'attachement à sa Patrie, ne sont plus que des phantômes qu'on regarde avec mépris. A peine même ose-t'on prononcer leurs noms.

Ici sont plusieurs autres lacunes qui ne peuvent se remplacer, nos mœurs étant totalement différentes de celles des Grecs.

Je remarquerai en finissant que quelque tranquille & bien réglé que soit un Etat au dedans, cela ne suffit point; il faut encore qu'il se fasse estimer au dehors, & même respecter : il faut que ses voisins le craignent, & en le craignant, qu'ils se ménagent avec lui & regardent son alliance comme un bien qui leur est précieux......
Mais on doit songer en même tems, ainsi que

que dit l'Orateur Grec dans sa premiere Olyntienne, que toute grandeur élevée sur les injustices, sur les infidélités, sur les parjures, manque par les fondemens, & ne peut être de longue durée : elle peut imposer aux yeux par des dehors qui flatent & qui promettent d'heureux succès : elle peut se soûtenir quelque tems par des ressorts inconnus & des hazards ajoûtés les uns aux autres. Mais à la fin cette grandeur affoiblie se dément de nécessité, & il faut absolument qu'elle s'écroule & s'abbate.

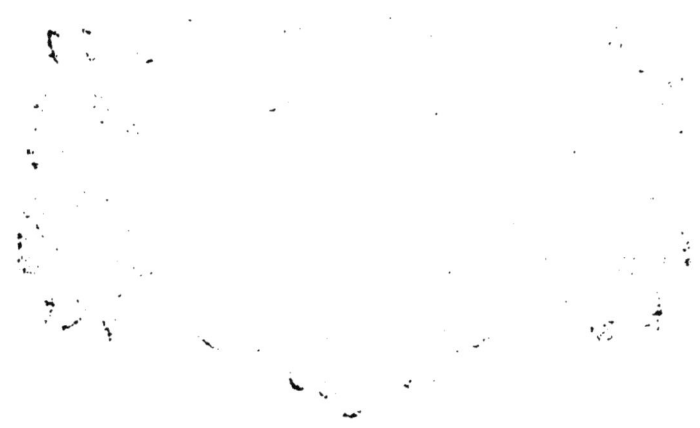

DIALOGUE.

POURQUOI IL EST SI DIFFICILE
aux personnes d'un certain mérite
de s'avancer dans le monde.

Fortuna ſævo læta negotio ,
Ludum inſolentem ludere pertinax ,
Tranſmutat incertos honores ,
Nunc mihi , nunc alii benigna.
Laudo manentem : ſi celeres quatit
Pennas , reſigno quæ dedit , & meâ
Virtute me involvo , probamque
Pauperiem ſine duce quæro.

Horat. Carm. lib. 3.

Il faut gouverner la fortune comme la ſanté ; en jouir quand elle eſt bonne , prendre patience quand elle eſt mauvaiſe , & ne faire jamais de grands remedes ſans un extrême beſoin.

La Rochef.

DIALOGUE.

DIALOGUE.

POURQUOI IL EST SI DIFFICILE
aux perfonnes d'un certain mérite de
s'avancer dans le monde. (a)

ARISTE ET THEAGENE.

ARISTE.

JE fuis pénétré de la plus vive douleur, mon cher Théagene. On vient de me faire une injuftice cruelle & deshonorante. On me dérobe un Emploi qui m'étoit dû ; & pour comble de difgrace, je me vois fupplanté par l'homme du monde que je craignois le moins.

THEAGENE.

C'eft le train ordinaire des chofes : je n'en fuis point furpris. *Mihi, quanto plura*

(a) V. le Céfarion de l'Abbé de S. Réal.

E 3 *recen-*

recentium feu veterum revolvo, tanto magis
ludibria rerum mortalium cunctis in negotiis obfervantur. (b) De tout tems la brigue, la faveur, les baffes follicitations, le vice même ingénieux à fe ménager des Protecteurs, ont enlevé au mérite les récompenfes qui lui étoient dûës.

ARISTE.

Et voilà pour les honnêtes gens un fujet toujours nouveau de peine & de chagrin. Ma colere s'allume, mon efprit eft comme à l'envers, quand je vois les Charges, les Dignités, les Preff'éances fi mal diftribuées & prefque toutes dégradées par ceux qui les poffédent.

THEAGENE.

Vous êtes bien induftrieux à vous tourmenter. La nature déja nous apprête affez de maux, qui font inféparables de la condition humaine, & qui troublent défagréablement le repos de la vie. Pourquoi cherchez-vous à vous en procurer de gayeté de cœur ?

(b) *Tacit. Hift. lib.* 3.

ARISTE.

ARISTE.

Je souhaiterois qu'il regnât dans le monde un certain ordre, une judicieuse symétrie. Je voudrois que la vertu seule frayât le chemin aux honneurs du Sacerdoce & de la Prélature ; qu'une connoissance approfondie des loix & des diverses coûtumes qui sont d'ordinaire plus simples & plus utiles que les loix mêmes, distinguât tous nos Magistrats ; enfin que la valeur & l'intelligence se joignissent ensemble pour élever un petit nombre d'Officiers d'une vie dure & laborieuse, aux premieres charges de la guerre.

THEAGENE.

En vérité vous demandez-là des choses étranges : vous proposez un arrangement philosophique, & trop au dessus de la portée des hommes. Je vous appliquerois volontiers ce qu'on reprochoit à ce Romain si connu par l'âpreté de sa Morale, qu'il opinoit toujours au milieu du Sénat, comme s'il avoit été dans la République de Platon : *ut si in illâ commentitiâ Platonis*

E 4 *civitate*

civitate (c) *res ageretur*. Vous entendez affez le fin de cette raillerie.

ARISTE.

Hé quoi! voudriez-vous me faire approuver toute la bigarrure qui régne & à la Cour & à la Ville? Mes yeux n'ont jamais pu s'y apprivoifer. La plûpart des perfonnes ne fiéent ni à leurs places ni à leur opulence. Le grand jour les décele & les trahit. Ils s'aviliffent eux-mêmes par une conduite fiére & hazardée, qui les expofe bientôt au mépris. Accoûtumés qu'ils font à ne voir que de lâches Adulateurs, ils ne profitent point de leurs fautes, ils ne fe redreffent jamais : toute leur vie n'eft qu'un tiffu de legeretés & d'imprudences.

THEAGENE.

Vous n'entrez point tout-à-fait dans ma penfée. Je blâme par goût & par raifon ce qui fe paffe dans le grand monde , & je ferois charmé qu'on y rendît plus de juftice au mérite & aux talens. Les plus fla-

(c) *Cicero de Orat. Lib.* 1.

teufes

teufes récompenfes, toute l'admiration des hommes, leur devroient être refervées. Mais croyez-moi, ie fuis un témoin fidéle & défintéreffé : tout cela eft impoffible.

ARISTE.

Comment impoffible! J'ai de la peine à vous comprendre, & je trouve dans tout votre difcours je ne fçai quoi de malicieux & d'affecté, dont je vous demande l'éclairciffement.

THEAGENE.

Rien ne fera plus aisé, & j'efpére que vous conviendrez avec moi que ce qu'on appelle mœurs, efprit, courage, talens, capacité, n'eft guéres utile pour s'avancer dans le monde : fi même tout cela ne fe tourne point en difficultés & en obftacles prefqué infurmontables...... Examinons d'abord quel eft le caractère d'un homme qui a véritablement du mérite. Il eft modefte & retenu, ennemi de toute fraude & de tout déguifement : il ne donne rien à fon goût, ni à fon humeur, ni à fa commodité : il ne s'accrédite point par des menfonges

adroits

adroits, ni par une impofture curieufement foûtenuë : il affecte peu de fe montrer , quoiqu'il gagne dans la fuite à être connu : loin de biaifer dans les affaires , il les déga- ge autant qu'il peut d'un détail inutile & en écarte les formalités , qui obfcurciffent d'ordinaire le fond des chofes. Toute fa conduite enfin porte un air de nobleffe, de fincérité , de refpect pour lui-meme , qui ne fe dément jamais. Croyez-vous que ce foient-là des qualités fort propres à fur- prendre les faveurs de la Fortune ?

ARISTE.

Non certainement : elle n'aime point un mérite trop déclaré , ni trop indépendant, ni qui foit trop à foi : elle n'auroit rien à contribuer de fa part...... Mais il me vient une penfée..... Ne pourroit-on pas ajoûter que cet homme de mérite a une forte de fierté dans l'efprit & dans les fentimens qui l'empêche de fe contraindre & de fe plier à certaines baffeffes, d'entrer fecrettement dans les paffions d'autrui , d'aplaudir du gefte & de la voix à ce qu'il méprife au fond du cœur ? *Quantò quis fervitio promp-*
tior

tior, opibus & honoribus (d) *extollitur.*

THEAGENE.

Voilà le point, mon cher Arifte : je fuis charmé que vous m'ayez prévenu. C'eft cette auftérité d'humeur, c'eft ce défaut de diffimulation, qui ôtent à l'homme de mérite prefque tous les moyens de s'avancer. S'il a befoin d'un Enguerrand de Marigni, ou d'un Jaques de Samblançai qui lui prête la main, ira-t'il mendier une protection honteufe, & qui le fera rougir dans la fuite ? Offrira-t'il fon encens à la maîtreffe du premier Miniftre, quoique fupérieur par l'avantage du pofte & par celui de la naiffance ? Entrera-t'il dans ces fouterrains odieux, où l'on trafique de charges & de dignités, où l'on achete à prix d'argent le privilége de dépouiller une Province entiére, & de redoubler les difgraces publiques.

ARISTE.

C'eft-là cependant ce qu'on fait tous les jours avec une approbation générale. Le

(d) *Tacit. Annal. Lib.* 1,

Connêtable

Connêtable de Montmorency qui avoit bra-
vé tous les efforts & l'induſtrieuſe coqüet-
terie de Diane de Poitiers, qui s'étoit ſoû-
tenu par ſon ſeul mérite dans une Cour
encore plus occupée de plaiſirs que d'affaires, ne ſe trahit-il pas à la fin lui-même?
Il oublia ce qu'il avoit accoûtumé de dire
à ſes meilleurs amis, *qu'il faiſoit plus de
cas d'un peu de renommée, que de toutes
les richeſſes qu'une femme pouvoit apporter
dans ſa maiſon.* Il rechercha d'une manière
ſoumiſe pour ſon propre fils ce qu'il avoit
refuſé avec hauteur pour ſon neveu l'Amiral de Colligni.

THEAGENE.

J'avoüe qu'il eſt aſſez difficile à la Cour
de ſoûtenir juſqu'au bout le caractère
d'homme d'honneur : à la Cour, dis-je, *où,
ſuivant l'expreſſion d'un grand Miniſtre,
tout eſt plein de nivelleries & petites pico-
teries, où l'on interprête plutôt en mauvaiſe part qu'en bonne les actions d'un chacun, où eſt très-grande la corruption des
bonnes mœurs & la porte ouverte à la ca-
lomnie; où enfin tout ſe méne ſelon les ima-
ginations,*

*ginations, humeurs & fantaisies des Rois
& Princes, quelquefois assez bien, quelquefois assez mal (e) fondées.* Une réputation
trop éclatante y est dangereuse, & elle a
souvent écarté des premieres places ceux
qui avoient le plus de droit d'y prétendre.
Jamais les Cardinaux de Richelieu & Mazarin n'auroient partagé l'autorité royale &
foulé aux pieds tous leurs rivaux, s'ils n'a-
voient persuadé aux Souverains qu'ils gouvernoient impérieusement, que c'étoit à
eux que tout étoit dû, & les délibérations
des conseils, & les ordres pour l'exécution.
Ils sauvoient ainsi l'orgueil du Thrône, sans
affoiblir leur propre crédit.

ARISTE.

Je connois assez pourquoi les Princes
n'aimfent point à employer des gens plus
éclairés ou plus vertueux qu'ils ne le font
eux-mêmes. Le contraste ne leur seroit pas
favorable. Chaque jour verroit redoubler
leur défiance, & leur jalousie. Les premié-
res paroles qu'on fait bégayer en Italie aux

(e) *Voyez les Mémoires d'Etat par Mr. de Villeroi.*

enfan?

enfans de qualité, ce font celles-ci : *Nella Corte Romana, chi moftra di faper tutto sà niente, e chi finge di faper nulla sà il tuttò.* (f) Cette conduite pleine de circonfpection & d'une ignorance apparente, réüffit affez bien dans un païs où l'on meurt fouvent de trop favoir. Ne vous ai je pas ouï raconter que pour plaire à Charles V. il falloit lui dire férieufement qu'il étoit plus homme de bien que fon Confeffeur, plus habile que fes Miniftres, plus brave que fes Généraux d'armée, & plus adroit que les Ambaffadeurs qu'il envoyoit dans les diverfes contrées de l'Europe ?

THEAGENE.

Une pareille louange pouvoit convenir au plus grand, & peut-ê re au feul grandhomme qu'ait eu la Maifon d'Autriche : mais tous les Princes ne lui reffemblent point. Comme ils font pour la plûpart affez bornés, & que l'amour des plaifirs qu'ils n'ont pas même la peine de fouhaiter, les dégoûte des fonctions pénibles du Thrône, ils ne s'attachent qu'à des gens dont le

(f) *Greg. Leti dans le Livre intitulé : Il Cardinalifmo.*

principal

principal mérite eft de fçavoir les entretenir dans une inaction voluptueufe : de ces
gens, difoit un des plus honnêtes-hommes
de la Cour de Henri IV. *qui n'ont d'au-*
tres parties pour fe faire eftimer, finon quel-
ques entre-gens du beau monde, faire quel-
que conte pour rire, jetter des exclamations
fur tout ce qu'ils difent, & accompagner
leurs Maîtres trop foibles d'entendement aux
banquets & autres lieux de débauche, leur
louer les beautés, gentil efprit, cajoleries
& bons mots des Demoifelles, & leur faire
venir l'envie de les voir, puis de les revoir ;
enfin de (g) les aimer. Avouez, mon cher
Arifte, qu'il faut foi-même avoir extrêmement de mérite, pour ne vouloir être ap-
proché que par des perfonnes de mérite.

ARISTE.

J'en conviens avec vous ; les bons con-
noiffeurs, ceux qui aiment la vérité, font
très-rares dans le monde. Cependant il n'y
a que leur eftime feule, toujours conforme
aux régles du devoir ; toujours fondée fur
les bienféances, qu'on doive rechercher :

(g) *V. les Mémoires de Sulli.*

celle

celle des autres fait plus de tort que d'honneur. *Nunc malis difplicere*, dit Séneque,
laudari eft.

THEAGENE.

Comment voulez-vous donc que les perfonnes d'un certain mérite fe pouffent à
la Cour , & auprès des Princes ? Ces perfonnes par une noble pudeur ne s'empref-
fent point à fe faire connoître : & mal-
heureufement encore, quand on les connoît , on s'en défie, on les écarte, on leur
préfére des ames baffes & prêtes à entrer
dans toutes fortes d'intrigues & de trom-
peries.

ARISTE.

Il faut pourtant avouer qu'il y a eu dans
chaque fiécle des hommes vertueux , qui
ne fe font élevés que par des voies légiti-
mes : leur mémoire eft encore précieufe
aux peuples reconnoiffans , dont ils ont
affuré le repos & la félicité.

THEAGENE.

Ces exemples font peu fréquens, & ne
doivent

doivent point tirer à conséquence. Un Auteur curieux , & qui a fait beaucoup de re-
cherches fur l'Hiftoire de France, rapporte
qu'au commencement du regne de Henri
II. & de Catherine de Médicis , on jetta
les yeux fur quatre Avocats pour les faire
monter aux plus hautes dignités du Bar-
reau , & pour récompenfer en leurs perfonnes ce que l'éloquence & la probité
avoient de plus refpectable. Pierre Seguier
& Denis Riant furent faits tout-à-coup
Avocats du Roi , Jaques Auberi Lieute-
nant Civil , & Chriftofle de Thou Préfi-
dent au Mortier. Le même Auteur ajoûte
qu'il falloit alors que *la Fortune fût groffe*
de toutes ces dignités , pour en faire une
fi ample & fi féconde portée , & que depuis ,
comme fi elle en eût été recruë , le paffage en
a été (h) *prefque clos aux autres.*

ARISTE.

La réfléxion me paroît judicieufe : mais
j'oferois foupçonner que la Fortune, volage
comme elle eft, & peu foigneufe de chercher le mérite, ne fait point de ces grands

(h) *V. les Lettres d'Etienne Pafquier.*

coups

coups, fans avoir quelque raifon obfcure
& cachée. Les motifs qui la font agir nous
font d'ordinaire inconnus, & même on les
fuprime avec foin.

THEAGENE.

Ce que vous dites-là n'eft que trop certain. Le mérite, pour parvenir aux récompenfes toujours défirées avec trop d'ardeur,
a lui-même befoin d'adouciffemens, d'infinuations, & quelquefois d'artifices : fans
quoi elles échaperoient bien vîte de fes
mains. Souvent c'eft un hazard heureux,
une repartie fpirituelle, un repas donné à
propos, quelque chofe même de plus bas
& de plus frivole, qui lui procurent ces
récompenfes d'une maniere peu attenduë.....
M. de Fabert, quoique très - digne de toutes les diftinctions militaires & déja Gouverneur d'une place importante, n'obtint
cependant le bâton de Maréchal de France,
que pour s'être prêté aux frayeurs du Cardinal Mazarin. Ce Miniftre ne pouvant plus
fe défendre contre les cabales des Courti-
fans, contre l'autorité du Parlement, contre les clameurs de la Fronde, trouva heureufement Monfieur de Fabert qui voulut
bien

bien recevoir à Sedan fe tréfors, fes papiers, fes pierreries, fes niéces avec Madame de Venelle leur Gouvernante. Cette action qu'il convenoit lui-même avoir été faite trop légérement, acheva fa fortune & le mit au-deffus de tous fes Compétiteurs...... Un autre exemple encore plus remarquable eft celui de Benoît Odefcalchi, qui fut Pape fous le nom d'Innocent XI. Quand il vint à Rome, & qu'il tâcha de s'introduire dans le Vatican, ce fut avec plus d'envie que d'efpérance de s'avancer. On lui reprochoit inceffamment l'obfcurité de fa naiffance, & la profeffion lucrative que fon Pere exerçoit dans une Ville de la Lombardie. Il eut cependant le bonheur de s'infinuer adroitement dans le cercle de *Dona Olympia*, belle-fœur du Pape, & de jouer quelquefois avec elle : ce qu'il faifoit d'un air galant & défintéreffé. Un jour on apporta à cette femme avare & impérieufe des bijoux d'un travail exquis : elle les marchanda long-tems, & ne put s'accommoder avec le Brocanteur, qui en demandoit une fomme confidérable. Odefcalchi l'ayant fçu, les acheta fous main & les fit préfenter à *Dona Olympia*. Ce don inefpéré lui valut

une charge de Clerc de la Chambre : &
bientôt par ſes ménagemens, & par la ſou-
pleſſe de ſon génie, il ſe fit donner le chapeau de Cardinal.

ARISTE.

Je pardonne ces petites ſubtilités en faveur de la bonne conduite qu'Innocent XI.
a tenue dans la ſuite. Jamais Pape n'a été
plus irréprochable dans ſes mœurs, ni plus
ferme dans ſes réſolutions, ni plus ennemi
du Népotiſme, *ch'è uno de'i mali maggiori
che ſono al preſente* (1) *ella chieſa.*

THEAGENE.

Convenez donc avec moi que le mérite
ſeul eſt dangereux & nuiſible, à moins
qu'on ne biaiſe un peu pour le faire valoir,
& qu'on n'emprunte même les couleurs du
vice. A combien de grands-Hommes n'a-
t'on point reproché, qu'ils ne s'étoient avi-
ſés de devenir honnêtes-gens, qu'après leur
fortune faite? Il n'eſt pas juſqu'au célébre
Arnaud d'Andilly qui n'ait eu ſur cela be-

(1) *Greg. Leti dans le Livre intitulé : Il Nepotiſmo.*

ſoin

foin d'apologie. Vous vous rappellez fans
doute ce Légiflateur de la Gréce, à qui l'on
demandoit s'il avoit donné de bonnes loix
aux Athéniens : *les meilleures*, reprit - il ,
qu'ils étoient capables de recevoir.

ARISTE.

Je reconnois à ce langage Solon.

THEAGENE.

Oui , c'eft lui-même. Comme il vouloit
rétablir l'égalité dans fa Patrie, & ôter ces
rangs incommodes, ces fâcheufes grandeurs
qui nuifent plus à la liberté qu'elles ne contribuent au bonheur, il fe mit à flater tous
les rangs. Chacun fe laiffa gagner par de
fi agréables menfonges , & crut y trouver
fes avantages & fa sûreté : mais quand Solon
vit que toutes chofes prenoïent un pli favorable, il oublia ce qu'il avoit promis. L'homme public ne fe reffouvint plus des paroles
qu'avoit donné l'homme privé.

ARISTE.

A R I S T E.

La conduite de votre Athénien reſſem-
ble aſſez à la politique de certaines filles
d'eſprit, qui emploient toutes les ruſes de
la galanterie pour ſe procurer un mariage
heureux ; mais qui s'étant données une
fois, ne connoiſſent plus que la ſimplicité
& la ſujettion dū devoir..... N'eſt-ce point
là une peinture naïve de la maniére dont
Sixte V. s'éleva des derniers dégrés de la
Milice Eccléſiaſtique au plus conſidérable?
Il mit tout en œuvre, promeſſes, flateries,
menaces, préſens, maladies feintes & ſi-
mulées, pour ſe procurer la Thiare : mais à
peine s'en fut-il paré, qu'il devint d'autant
plus auſtere dans le commandement, qu'il
avoit été plus ſoumis & plus artificieux dans
la dépendance.

T H E A G E N E.

Je ſuis ravi que vous me fourniſſiez des
traits contre vous-même, & que le mérite
commence à vous paroître ſuſpect......
Mais voici un obſtacle nouveau & plus
grand

grand que tous les autres, dont nous n'avons point encore parlé.

ARISTE.

Je devine votre penfée : c'eft l'amour du plaifir.

THEAGENE.

Ah ! que cet amour eft dangereux , & que je plains un homme de mérite, lorfqu'il s'y livre avec trop d'ardeur ! Par - là s'anéantiffent tous fes talens , & il s'égare dans la route qui conduit à la fortune, tandis que des gens d'un efprit médiocre, *mais que rien de femblable n'arrête , gagnent les devans & occupent les places qu'il ne tenoit qu'à lui (K) de remplir.*

ARISTE.

Si j'ofois ici , mon cher Théagene, vous ouvrir mon cœur, je vous dirois fincérement que quiconque a le loifir de penfer , ne doit rien voir de mieux à faire que de fe repofer nonchalamment entre les bras

(K) *V. le Céfarion de l'Abbé de S. Real.*

de

la volupté. Vous jugez bien que je ne parle point de cette vie tumultueufe & plongée dans la débauche, mais de cette vie douce & paifible où fans avoir aucun fentiment du vice, on n'aime que les vertus commodes & d'un facile ufage, où fans fe vanter d'avoir affujetti fes paffions, on ne fe laiffe aller qu'à celles qui entretiennent la vivacité de l'efprit, & qu'aucun dégoût n'accompagne. C'eft ce que les Anciens nommoient *Comitas quæ finè luxuria eft.* (1)

THEAGENE.

Vous ne fçauriez croire combien cet amour du plaifir a fait faire d'infidélités à la fortune; combien de gens dans les Provinces ont renoncé de bonne heure à l'envie d'acquérir un grand nom, fe font retirés volontairement dans leurs maifons qu'ils prennent foin d'embellir, & où ils font une chere délicate à un petit nombre d'honnêtes-gens.... J'ignore auffi pourquoi l'on préféreroit des foins brillans & illuftres au repos & à la tranquillité, dont on jouit dans

(1) *Vir, ficut ad cætera egregius, ità à comitate quæ finè luxuriâ effet, non averfus.* Tit. Liv. de Scipione.

dans

les conditions médiocres. J'avouë que cet
état n'a rien de vif ni d'ambitieux : mais
il eſt intéreſſant, & on s'y plaît.

ARISTE.

Permettez-moi de vous citer ici quelques morceaux d'une très-belle Ode qui
fut adreſſée à un homme de condition par
un Poëte qui l'étoit auſſi. Ces ſortes d'ouvrages ont d'ordinaire quelque choſe de
plus fin & de plus dégagé que ceux des
Auteurs de profeſſion.

A Monſieur de C . . . .

PHILOSOPHE par goût, libertin par ſyſtême,
Cher ami, rens juſtice à la vertu que j'aime ;
    Pour éviter de ſûrs regrets,
Loin de Paris, je méne une indolente vie,
Je goûte les plaiſirs où l'âge me convie,
    Mais je m'en défens les excès.

    Que ſert de diſcourir ſur le tems qui s'écoule ?
Fantômes ſéduiſans, erreurs, venez en foule :
    Sauvez-moi des réfléxions.
Malheureux, qui guéri d'une douce ignorance,
Obtient enfin de l'âge & de l'expérience,
    L'empire ſur ſes paſſions !

voiſin

Voifin, mais à couvert des fureurs de Neptune,
J'attens dans mon fauteuil la bifarre fortune.
    O fage médiocrité !
Jours obfcurs, mais coulés dans une paix charmante,
Vous m'offrez plus d'appas que la gloire brillante,
    Qu'un nom chérement acheté !

Si quelqu'heureux hazard m'adreffe une Bergere,
Dont le maintien foit doux & le difcours fincere :
    Facile, je vole au danger.
Mais craignant à mon tour que d'injuftes caprices
N'empoifonnent d'amour les plus chéres délices,
    Je me plais à me dégager.

Au Champagne divin quelquefois je me livre :
Mais auffi de Bordeaux, moins friand je m'ennyvre
    L'un & l'autre me rend heureux.
Je ne refufe point le bien qui fe préfente,
Et, libre de défirs, ce que j'ai me contente, *(m)*
    Quand je n'ai point ce que je veux.

THEAGENE.

Le Poëte parloit fenfément : & l'on con
vient que c'eft fur-tout aux gens de guerr
accoûtumés à regarder la vie d'un œil d'i

(m) *Quoniam id fieri quod vis non poteft, velis quod poffit.*   Terent.

                      différence

différence, & à fortir fouvent comme hors
d'eux-mêmes, que l'amour du plaifir caufe
les plus fortes diftractions. Auffi plufieurs,
après avoir effuyé des hazards infructueux,
reviennent-ils à une vie fédentaire : ils fe
perfuadent à la fin que quelques heures de
vie bien ménagées font plus confidérables
que l'intérêt d'une médiocre réputation.

François I. avoit obtenu la Pourpre Romaine pour un des enfans du Maréchal
de Châtillon, & il fembloit que cet honneur ne devoit point regarder l'aîné : mais
lui, qui avoit des inclinations douces &
modérées, aima mieux fe dévouer à l'Etat
Eccléfiaftique, & il laiffa toutes fes efpé-
rances, tout l'orgueil d'une ancienne & il-
luftre maifon, à l'un de fes cadets qui fut
depuis fi célébre fous le nom de l'Amiral
de Colligny. Cet Amiral cependant, quoiqu'il eût un génie ferme & inébranlable,
avouoit quelquefois à fon frere témoin de
fes périls & de fes travaux, qu'il auroit
paffé des jours plus tranquilles & moins en-
viés à l'abri du chapeau de Cardinal. Heureux, s'il avoit fçu prendre ce parti ! Plus
heureufe encore la France, qui n'auroit
point vu les horreurs d'une guerre civile !

ARISTE.

ARISTE.

Que pourrois-je ajoûter à des réfléxions si folides ? Je défavouë tous mes chagrins, & je rougis de vous avoir paru trop déli-cat & trop fenfible au refus qu'on m'a fait. Notre amour propre s'apprivoife diffi-cilement à ce qu'il croit le pouvoir humilier.

THEAGENE.

Je n'y trouve point à redire. Quand on entre dans le monde, on fe laiffe d'abord éblouir par tout cet éclat qui l'environne. Les premieres places impofent, & l'on fe flatte qu'à force de fe procurer des talens & des connoiffances, on pourra foi-même les remplir dans la fuite. Mais peu à peu l'illufion fe diffipe : on fe laffe de chercher fon bonheur dans les autres : on revient des fentimens de l'ambition à un defir plus in-time de fon repos : on fe réfroidit pour les avantages & les préfens de la Fortune, qui coûtent encore plus à conferver qu'à ac-quérir : on s'indigne enfin de voir tant de baffeffe en ceux qu'elle a traités le plus

favorablement

favorablement, & du mépris des perſonnes on paſſe au mépris des dignités mêmes.

ARISTE.

J'avois déja entrevu ce que vous me dites-là d'une maniére plus arrangée & plus réfléchie. Mais il faut l'avouer, un peu d'expérience ſupplée à beaucoup de raiſonnemens : & cette eſpéce de leçon qui eſt plus vive & plus animée, corrige ſans retour. Pour bien connoître toute l'injuſtice de la Fortune, il faut ſoi-même en avoir fait l'épreuve. Les peines & les diſgraces n'abbatent point un honnête-homme. Il les rend auſſi legeres qu'il le peut, par la facilité de ſa patience : & ſon ame, quoique plus délicate à être bleſſée de toutes choſes, ſe contente de ſouffrir & ne ſe plaint point.

THEAGENE.

Vous voilà, mon cher Ariſte, dans cette diſpoſition d'eſprit que je vous ſouhaitois, au commencement de notre entretien. Il eſt impoſſible de vaincre par aucun effort de courage la dureté de notre condition ;

tant

tant elle renferme de chofes fâcheufes, défa gréables & humiliantes, dont la plus grande partie ne dépend point de nous. C'eft bien affez d'employer l'adreffe, pour s'en éloigner ingénieufement.

ARISTE.

Hélas ! que cet entretien a renouvellé mon goût pour la retraite : mais j'en voudrois une qui donnât de l'agrément à l'efprit fans rien ôter de tout ce que demande raifonnablement la nature : j'en voudrois une que perfonne ne troublât par des curiofités indifcrettes & fatyriques; où l'on ne connût ni ce que la néceffité a de preffant, ni ce que l'abondance a de trop mou & de trop recherché; où les défirs enfin fuffent toujours proportionnés aux befoins. Quel état plus heureux que celui d'un Philofophe, qui contemple du port les vaines & tumultueufes occupations des hommes, & qui fatisfait de fon indépendance, ne cherche qu'à s'éclairer par une étude choifie, & qu'à devenir plus vertueux !

THEAGENE.

THEAGENE.

Cet état qui eſt comme iſolé , offre à chaque inſtant une volupté infinie ; mais peu de gens ont le goût aſſez bon , & encore moins ſe trouvent dans une ſituation aſſez favorable pour s'y pouvoir borner : *Pauci quos æquus amavit Jupiter.....* Tous les autres ſe laiſſent entraîner par la coûtume , par les préjugés établis : ils marchent en aveugles , & ſans ſçavoir où ils vont : ils ne voient les objets qu'au travers de mille nuages qui les altérent à leurs yeux , & les défigurent inſenſiblement..... Pour vous, Ariſte , pardonnez à la Fortune de ne vous avoir point fixé où vous demandoient les agrémens de votre génie , & la netteté de vos mœurs. Contentez-vous de mériter les honneurs, qui ſe rencontrent ſur votre paſſage : mais ne vous ſçachez pas mauvais gré ſi ces honneurs vous échapent & qu'on les accorde à d'indignes rivaux. *Quod hodiè non eſt , cras erit : ſic vita truditur.....* Un honnête-homme eſt obligé de faire tout ce qu'il peut pour s'avancer dans le monde , & ſe donner de la conſidération :

confideration ; mais il n'eſt point obligé (*n*)
de réüſſir. Le ſuccès n'a jamais été une
preuve du mérite, ni la ſûre récompenſe
des deſſeins ingénieuſement (*o*) concertés.

(n) *V. les Lettres de Buſſi-Rabutin.*

(o)

Quiſquis ab eventu facta notanda putat. Ovid.

F I N.

www.ingramcontent.com/pod-product-compliance
Lightning Source LLC
Chambersburg PA
CBHW070125100426
42744CB00009B/1742